EUとグローバル・ガバナンス

国際秩序形成におけるヨーロッパ的価値

安江則子 編著

法律文化社

巻頭言

薬師寺公夫

　本書は,『EUとグローバル・ガバナンス——国際秩序形成におけるヨーロッパ的価値——』と題して, 全部で7つの論文が収められている。しかし, 単にEUに関する7つの個別論文が収録されているわけではない。本書の主題である「EUとグローバル・ガバナンス」という共通の問題意識に基づいて各執筆者が章を分担し, 全体のタイトルと各章との関係は終章で手際よく整序されている。本書は, 序文および終章でコンパクトにまとめられているように, 外交, 安全保障, 通商, 開発援助, 環境, 食糧安全, 刑事司法協力の分野を素材として, EUにおける対外政策又は対外的に影響力をもつ諸政策の展開を検討することを通じて, EUの政治的アイデンティティや欧州的価値がどのように提示され, それが国際秩序形成にいかなる影響を与えてきたのかを析出することにある。

　周知のように, 第二次世界大戦後, 米ソ冷戦の圧倒的影響下にあった西欧において, 欧州6カ国（ベネルクス3国, 西ドイツ, フランス, イタリア）が, 欧州石炭鉄鋼共同体（ECSC, European Coal and Steel Community）を設立したのは1952年であり, 欧州原子力共同体（Euratom, European Atomic Energy Community）と欧州経済共同体（EEC, European Economic Community）を設立したのは1958年であった。それから半世紀余りを経て, 今や欧州統合は巨大な発展を遂げた。3つの欧州諸共同体の下で経済統合を進めてきた構成諸国は, 1990年代初頭には物・人・サービス・資本の原則として自由な移動を確保する単一市場を実現し, 1993年に発効したマーストリヒト（欧州連合）条約は, ローマ条約の大幅な改正とEECの欧州共同体（EC, European Community）への改名などによって経済統合の一層の深化をはかるとともに, 共通外交・安全保障政策および司法内政協力政策を掲げて政治統合をめざす「3つの柱構造」をもつ欧州連合（EU,

i

European Union) を発足させた。同条約がめざした通貨統合は，1993年の欧州銀行制度の創設を経て，1999年単一通貨ユーロの導入によって実現された。これらの発展を受けて2004年には欧州連合条約，欧州共同体設立条約，2000年に採択されたEU基本権憲章を一本化する欧州憲法制定条約が作成されたが，構成国の主権が脅かされるという懸念からフランスおよびオランダで批准が拒否されるという事態が生じた。これを受けて欧州理事会は，欧州憲法制定条約にあった多くの内容を欧州連合条約および欧州共同体設立条約（「欧州連合の運営に関する条約」と改称）に盛り込むとともに，欧州憲法制定条約に定められていた基本的人権条項については2000年採択のEU基本権憲章に法的拘束力をもたせることを骨子とするリスボン条約を作成し，同条約は2009年に発効した。この間に欧州諸共同体および欧州連合の構成国の数は当初の6カ国から大きく拡大し，2013年7月のクロアチアの加盟によって，今やEUは欧州全体にまたがる28カ国の構成国を擁する極めて大きな影響力をもったグローバル・アクターとして国際秩序の形成に参画する存在となっている。

　大きな影響力を有するグローバル・アクターに成長したEUの対外的および対内的な政策および実行の中に織り込まれた法的規範も含むヨーロッパ的価値が，これまでの国際秩序の形成にどのような分野でどのような形で影響を与えてきたのか，また，今後どのような影響を与えていくのかについて，なんらかの意見を述べることはEC/EUまたはEU法の専門家でも，国際政治，国際関係の専門家でもない筆者には能力を超える。むしろ筆者としては，外交政策，安全保障，通商，開発援助，環境，刑事司法といった各分野においてEC/EUがどのようなヨーロッパ的価値を共通のものとして形成し，その外交政策の中に反映してきたのか，それが各分野における国際秩序の形成にどのような影響を与えてきたのかを，EC/EUの内外の異なる視点から分析をした本書の各章から多くを学びたいと思っている。

　ただ1点，これまで国際人権保障に関連して欧州評議会という視点からEC/EUを見てきた一人として，本書の副題ともなっている「国際秩序形成におけるヨーロッパ的価値」について一言感想めいたことを述べることによって，本書の刊行を祝福するとともに，本書の執筆者の皆さんと問題意識の一端を共

巻頭言

有したいと思う。

　欧州ではもはや決して目新しい用語ではないが，日本でも最近では「国際立憲主義」をめぐって様々な議論が展開されるようになってきている。その背景には，効率優先の経済のグローバリゼーションがもたらす歪みに対する配分的正義または民主的・社会的正当性の要請，機能的に異なる各種の制度が相互関連なしに創設された結果生じた国際法規範の断片化，国際制度間の不調和に対する是正の要請，国際的機関の権限強化に適合した権限の正当性と権限制約のための原則提示の必要性，大国の一国主義的・覇権主義的行動傾向に対する制約の要請など諸要因が指摘されている。国際立憲主義といっても様々な潮流があり，その主張は多様であるが，筆者は国際立憲主義論の多くが欧州に起源をもち，そのいくつかの潮流に，欧州憲法および欧州基本権を志向する欧州統合のモデルが何らかの形で強い影響を与えているのではないかと思っている。

　周知のように，欧州ではECが主権移譲された分野についてEC法の直接適用性と国内法に対する優位性を確立するとともに，次第にその管轄領域を拡大し，「補完性の原則」を基礎としつつも，リスボン条約の発効によって，関税連合，競争規則，通貨政策，海洋生物資源保存，共通通商政策につき排他的権限をもち，域内市場，社会政策，農業・漁業，運輸，自由・安全・正義などの分野につき構成国と共有する権限をもち，さらに共通外交安全保障政策に一定の権限を有するEUが出現した。ある論者は，この統合こそ戦争防止，人権保護，国境を越える労働の平和的配分という加盟国の憲法によっては実現できなかった欧州史の課題を国際的多元的レベルのガバナンスの導入によって克服した国際憲法枠組みのモデル事例とみなす。人権保護に即して言えば，EC法の初期には人権保護への言及はなかったが，国内憲法上の人権保護を根拠とした構成国の抵抗を克服するために，まずはEC裁判所を通じた「共同体法の一般原則」としての個別人権の認定に始まり，ついにはEU基本権憲章への法的拘束力の付与と欧州人権条約加入の義務づけを通じて，EU人権法が形成され，他のEU法に優先する憲法的地位が認められるに至ったと指摘されている。

　もちろん欧州統合をモデルとした国際立憲主義論を，こうした統合がなされていない欧州以外の国際社会に機械的に適用できるなどとは誰も思わないだろ

う。しかし，多かれ少なかれ，グローバリゼーションの進展とともに，様々な分野で国際社会の組織化が進められ，一定の権限が機能的あるいは地域的国際機関に移譲されていく傾向は決して弱まることはないと思われる。そうした場合に，国際機関，国家，広義の市民社会，そして個人といった諸アクターがどのような目的と原則に基づき，どのような権利および義務を享受しあるいは権限と責任を分担することを期待されるのかについての基本的な構成原則を必要とするであろう。そのような諸原則を検討する上で，構成国の多元性を尊重しつつ，補完性の原則に依拠しながら，権限の移譲と権限の分担または協働を深化させ，その最もコアとなる部分に欧州人権公序を据えてきたEUの歴史的経験は，時にはその二重基準性，政治的背景あるいは歴史的制約性が問題になることはあるにせよ，今後の国際秩序形成を展望する場合に，1つの重要なモデルを提供していることは疑いないと思われる。

　欧州連合条約21条は，連合が世界において進展を求める諸原則として，民主主義，法の支配，人権および基本的自由の普遍性と不可分性，人間の尊厳の尊重，平等と連帯の原則ならびに国際連合憲章および国際法の諸原則の尊重を掲げる。欧州の伝統でもあるが，構成国の多元性を尊重しながら統合を進める過程の経験を通じて再確認されてきたこれらの諸原則は，ひとり欧州のみに適合する諸原則ではないであろう。もちろん，これらの諸原則を実際に実現する場面では，多くの困難に直面する。たとえばこれらの諸原則が対立する場合があることは，国連安保理決議の実施に関連したカディ事件欧州司法裁判所の一審裁判所および大法廷の判決にも端的に現れている。安保理決議の拘束力とその優先性を考慮しつつもEU法秩序の中で基本的人権の優位性を認めた大法廷判決が注目を浴びるのも，等閑視されがちな人権にあるべき価値序列としての共感がもたらされるからであろう。もとより様々な価値をどのように評価するかは決して容易なことではない。それぞれの分野において，現実にどのような価値がどのような条件下でどのように提示され，それがどのように受け取られてきたのか，本書の各章は私にとっても興味尽きない素材を提供してくれるものである。執筆者一同に感謝を捧げたい。

序　文

　　　　　　　　　　　　　　　　　　　　　　　　　　　安江則子

　2012年12月，EUに対してノーベル平和賞が授与された。それは，危機にあったユーロ圏経済の再建への後押しとも言われるが，それだけではない。第二次世界大戦後，荒廃した西欧諸国に平和と繁栄をもたらし，また冷戦終結後は，旧共産圏の東中欧諸国のEU加盟プロセスにおいて，人権・民主主義・法の支配，そして少数民族保護などを条件とすることで，地域を安定と発展に導いたことが評価されたのである。

　1950年代に6カ国で統合を開始したEUは，2013年7月には加盟国を28カ国へと拡大して，人口5億人以上，世界のGDPの約25％を占めるに至る。EUは，様々な場面で政治的・経済的な主体として，グローバルな政策課題をめぐる議論に参加し，その秩序形成に貢献するようになった。EUは，アメリカや日本など，自由主義経済や人権・民主主義といった価値を共有する国々と協調しながらも，具体的場面においては，時に異なったオルタナティブを示すことで，グローバル・アクターとしての存在感を高めてきた。パレスチナ和平やテロ対策などにおいて，また環境や持続可能な開発といった問題において，アメリカと一線を画する姿勢をとっている。アメリカが軍神を象徴する「火星」に喩えられるのに対し，欧州は美と調和の女神「金星」に喩えられている。

　2003年に開始されたイラク戦争においてEU加盟国が一致した対応をできなかったことを踏まえて，EU外交の一体性や独自性を示そうとする動きが強まった。EUが，「規範的パワー」としての自己規定を試みたのもこの時期である。たしかにEUや加盟国の政治的・経済的利害が背後にあるにしても，対外的に行動する場面では，EUの目的や価値，行動原則に照らし，理念的・規範的な言説の形をとってその主張が表現されることが多い。

2009年に発効したリスボン条約により新たに設けられた EU 条約21条１項は，「EU の行動は，EU 自らの創設，発展，そして拡大を支えてきた諸原則に導かれ，より広い世界においてそれらを前進させることを目指す」と規定する。その諸原則とは，「民主主義，法の支配，人権と基本的自由の普遍性および不可分性，人間の尊厳の尊重，平等および連帯の原則，さらに国連憲章および国際法の諸原則の尊重」である。EU は，従来から加盟条件や途上国支援において相手国に求めてきた基本原則を，広く対外政策に関わるすべての局面で一貫して追求していく姿勢を明確にしている。

　EU において対外政策とは，外交安保政策だけではなく，開発援助政策，通商政策および持続可能性に関する政策，またその特殊な形として拡大政策や近隣諸国政策なども含まれる。それ以外にも，通商・環境・農業など複数の政策領域に関連する GMO 問題や，刑事司法協力など，EU の政策がグローバルな秩序形成と関わる場面が観察される。

　また EU 条約21条２項は，EU が「国際関係のすべての領域において高い次元の協力に向けて行動する」とし，域内の安定と発展を目標とするにとどまらず，国際社会全体のために自らの能力と資源を提供することを対外政策の指針としている。「より強固な多国間協力とよいグローバル・ガバナンスに基づく国際体制の推進」を謳っている。

　ところがユーロ危機は，ヨーロッパ的価値やその規範的側面を前面に出した外交をめざす EU にとって負のイメージをもたらした。地域の安定と繁栄の象徴だった EU が，一転して国際経済の不安定要素をもたらし，先進国の不況を長期化させる一因となった。また，ギリシャの債務隠しに端を発した一連の問題への対応のプロセスでは，独仏枢軸の不一致や EU 加盟国の国民間に連帯意識が低いことが露呈した。EU としての一体性強化への期待に反して，欧州統合の歴史にとっても最も深刻な局面となったと言える。結局，EU は関係国への段階的な支援措置に加えて，「財政条約」という新たな法的・制度的措置を講じ，EU による加盟国の財政問題への関与を強化して再発を防ぐことによって，この問題を克服し国際的な信用を取り戻そうと試みた。深刻な通貨危機を契機に，統合をさらなる段階へと進めるという EU ならではの解決手法と言える。

序　文

　本書は，EU による対外政策や，対外的に影響力をもつ分野の政策展開を，ヨーロッパ的価値やその規範的側面に注目する欧州と日本の双方の研究者によって検証することを試みている。グローバルな秩序形成とかかわる各々の政策分野において，EU の重視するヨーロッパ的価値やその規範的側面がどのように提示されてきたのか，その軌跡と到達点を確認し，そうした規範的な言説がどこまで説得力をもちえるのか探ることにしたい。

目　次

巻頭言 ——————————————————————— 薬師寺公夫

序　文 ——————————————————————— 安江則子

第1章　EU 外交政策 ———————————— Michael Reiterer　1
（梅澤華子　翻訳）

1　はじめに――リスボンへの道程――　1
2　リスボン条約　2
3　EU の政策的一貫性　4
4　EU 対外政策の概要　4
5　EU 外交の独自性　5
6　シビリアン・パワー　7
7　包括的安全保障　8
8　欧州近隣政策　11
9　おわりに――アジアに対する EU の利害関心――　12

第2章　安全保障における国連・EU 協力 ————— 梅澤華子　19
――安全保障地域機構としての EU――

1　はじめに　19
2　危機管理における国連と地域機関との協力　21
3　冷戦後安全保障環境における EU　28
4　おわりに　37

ix

第3章　EUの通商政策 ──────────── Sieglinde Gstöhl　45
　　　　　　　　　　　　　　　　　　　　　（浦川紘子　翻訳）

　　1　はじめに　45
　　2　共通通商政策の発展過程　45
　　3　EU通商政策のアクターと目標　50
　　4　国際通商協定の締結交渉　54
　　5　共通通商政策の履行　57
　　6　EU通商政策における一体性という課題　60
　　7　おわりに　64

第4章　EU対外政策における政治原則の発展 ── 中西優美子　69
　　　──EU諸条約の諸改正をてがかりに──

　　1　はじめに　69
　　2　EUにおける政治原則の萌芽
　　　　──ECSCおよびEEC設立期〜単一欧州議定書──　70
　　3　EU対外政策における政治原則の試行
　　　　──マーストリヒト条約〜ニース条約──　72
　　4　EU対外政策における政治原則の確立
　　　　──欧州憲法条約草案〜リスボン条約──　85
　　5　おわりに　96

第5章　国際航空における地球温暖化対策の取り組み ── 河越真帆　101

　　1　はじめに　101
　　2　グローバル・レベルでの取り組み
　　　　──ICAOでの経済的手法の進展──　102
　　3　リージョナル・レベルでの取り組み
　　　　──EUによるETSの航空部門への適用──　108
　　4　EU域外諸国の反発　111
　　5　国内航空と国際航空の区分をめぐる考察　113
　　6　おわりに　116

目　次

第6章　EUと加盟国によるGMO規制 ────── 安江則子　121
　　　──科学的リスク評価をめぐるWTO紛争を超えて──

1　はじめに　121
2　EUによるGMO承認手続き　122
3　加盟国による規制とトレーサビリティ　126
4　アメリカによるWTOへの提訴　129
5　EUにおけるGMOリスク管理の新たな動向　135
6　おわりに　137

第7章　EU刑事司法協力における単一令状制度の構築 ── 浦川紘子　141
　　　──双方可罰性要件の新方式──

1　はじめに　141
2　EUにおける犯罪人引渡改革と双方可罰性要件　142
3　刑事決定に対する相互承認原則の理論化と実践　147
4　単一令状制度の発達　153
5　おわりに　158

終　章　EUとグローバル・ガバナンス ────── 安江則子　163

1　はじめに　163
2　EUの対外政策──一体性・一貫性と多国間主義の課題──　163
3　EUの外交安全保障政策と国連　165
4　EUの通商政策における欧州的価値　168
5　開発支援、近隣諸国政策と政治的コンディショナリティ　170
6　EU環境政策の対外的側面　172
7　EUおよび加盟国によるGMO規制とWTO　174
8　EUの刑事司法協力の展開　176
9　おわりに　178

EUの対外政策リンク集（European Diplomacy-Selection of useful links）
主要参考文献
索　引

第1章　EUの外交政策

Michael Reiterer
(梅澤華子　翻訳)

1　はじめに——リスボンへの道程——

　欧州大陸の6カ国によって1952年に設立された欧州石炭鉄鋼共同体を端緒として開始された欧州諸国間の協力体制は，以後60年にわたり，順調な発展を続けてきた。現在のEUは欧州全域にわたって28加盟国を擁する機関に成長したのみならず，さらなる機構拡大の機運は依然として失われていない[1]。また，設立当初の共同体は，当時の平和と安全保障において重要な影響があった石炭・鉄鋼の問題に焦点を当てたものであったが，今日では，EUは非常に幅広い問題領域へとその活動範囲を広げており，国際社会において，国家アクターに並ぶ役割を果たすに至っている。

　欧州は今日のような外交能力を構築するに当たり，長い経緯を経てきた[2]。共通農業・通商政策の枠組みにおける域外政策，EU内の経済協力に基づいた開発政策など，EUは対外関係においてその政治的役割をほぼ不可避的に広げてきた。1989年のベルリンの壁崩壊および冷戦終結は国際社会において「平和の配当」を求める機運をもたらしたが，これに続く1990年代は，旧ユーゴスラビアをはじめとする各地での紛争と虐殺によって象徴される時期となった。また，21世紀に入ってからも，2001年9月11日の米国同時多発テロおよびイラク戦争といった安全保障上の危機が続いてきた。EUの強みはそのソフト・パワーおよび非軍事的な機能にあるものの，こうした状況に直面し，EUが国際社会において効果的な役割を果たすためには，外交・安全保障政策の強化が不可欠で

あることが改めて認識されるに至った。また，2011年のリビア危機は，EUのそうした認識をよりいっそう高める契機となった。

EUはその歴史的経緯にも関わらず，ごく最近まで国際的なアクターとして認識されていなかった。これは，主権国家のみが国際社会におけるアクターであると考える現実主義的な理論によるものばかりではなく，域内における平和や安全保障を含む政治的目標を達成するためにEUが経済的手段を用いてきた経緯およびその自己規定によるものでもある。[3]

しかしながら，政治と経済はもはや不可分であり，EUは経済的要素のみならず，政治的な次元にも深く関与するようになった。[4] EUの対外的な代表としての役割強化に関する構想には長年の歴史的背景があるが，そうした動きは，マーストリヒト条約の批准以後，特に勢いを強めてきた。EUはその対外的プレゼンスを高めるのみならず，国際的影響力を高めていくべきであるとする構想は，欧州憲法条約草案を作成する「欧州の将来に関するコンベンション」において，改めて課題としてあげられることとなった。すなわち，世界最大の経済規模を有するとともに，開発援助における主要な援助主体であり，国際貿易システムにおいても主要なアクターであるEUがその安全保障および経済的安泰を維持するためには，世界貿易機関（WTO, World Trade Organization）における機構的・知的枠組みに沿ったアクターとしてその影響力に見合った機能や能力を確保することが不可欠であるとの認識が改めて示されたのである。

2　リスボン条約

こうした課題に対処するため，EUはリスボン条約において事実上の欧州外務大臣ポストを設置したが，政治的な理由から，条文では「欧州連合外務・安全保障政策上級代表」としている。[5] 上級代表は，同時に新設された常任の欧州理事会議長，欧州委員会委員長とともに，新設の欧州対外行動局（EEAS, European External Action Service）の支援を受けつつ，EUの国際的影響力を高める任務に関する責任を負う。世界の勢力バランスが環大西洋から環太平洋へとシフトしつつある中，EUは国際社会において，欧州として一貫した政策を

取る必要がある。そうした政策は，欧州としての利益を追求するとともに，より良い安定した世界の実現のために，欧州の価値観を拡大する必要性に基づいたものである。より複雑化する世界情勢においてこれらの目的を達成するためには，対外行動局としては，その持てる資源を活用し，より決断力ある政策主体としてEUを強化するための戦略を効果的に進める必要がある。

　リスボン条約の主要な目的の1つは，EUの対外的代表としての地位の確立を通じて，必要な制度および手続きを制定することであり，そうした調整はEUとしての一貫性に繋がることとなる。EU条約26条2項は「欧州理事会，および外務・安全保障政策上級代表は，欧州連合の行動の統一性，一貫性，実効性を確保しなければならない6」と述べており，この役割を促進するために，上級代表は欧州委員会副委員長としても機能している。これにより上級代表は二重の役職を負っていると評されることがあるが，上級代表はかつて輪番制の議長国外相が務めてきた任務をも担っており，実際には三重の役職を負っていると言える。すなわち，上級代表は，輪番制の議長国に代わって新設の外務理事会議長を務めるとともに，EUの対外的な代表として，また欧州委員会副委員長として機能することにより，EUの政策の一貫性を確保する役割を担っている。

　上級代表は，独自の性質を備えた機関であるEUにふさわしい種々の政策を組み合わせることにより，EUとしての一貫した外交政策を策定するという困難な課題に取り組んでいる。そうした役割を通じ，EUがその機構的特質および国際社会におけるアクターとしての地位を活用し，国際政治におけるEUとしての参加形態と方法を確保することを目指している。共通外交安全保障政策 (CFSP, Common Foreign Security Policy)，欧州安全保障防衛政策 (ESDP, European Security Defense Policy)，共通通商政策，欧州近隣政策 (ENP, European Neighbourhood Policy) などを含むEUの政策は，EUの国際社会における独自の地位を示すとともに，その機構的特質を象徴するものともなっている。

3　EUの政策的一貫性

　EUとしての政策的一貫性を確保するためには，これに関連する機構内外の要素をともに考慮する必要がある。機構内においては，円滑な情報交換・共有とともに，対外行動局の責任下においてEUの諸機関および加盟国間の共通の意思決定が確実になされるための仕組みを整えねばならない。対外行動局がその役割を十分に果たすにあたっては，EUの共通行動に向けた戦略的枠組みの開発，欧州委員会との協力に基づいたEUによる支援計画の策定などがその重要な任務である。この文脈において，非EU加盟国との対話の場，国際機関などにおいて上級代表がEUの対外的代表として政治的対話を行うことは，政策的一貫性の達成のために特に重要な側面である。EU非加盟国に駐在するEU代表部の大使は，EU加盟国大使間の当該国における会合の議長を務め，欧州としての政策的一貫性を維持する責任を負う。各々のEU加盟国は個別の外交政策を維持しており，欧州の利益を追求しつつも，国家間関係を通じた国益を追求しているが，欧州としての共通見解を対外的に示し，欧州としてのメッセージを発することは，欧州外交の最終的な目標である。しかしながら，加盟国間の相違および利害対立，また「深遠な哲学的・戦術的差異[7]」といった機構内部の課題は，28におよぶ加盟国を擁するEUにとっては，いまだ克服困難なものとして残っている。

4　EU対外政策の概要

　リスボン条約は，EU対外行動の目的を，EUの機構的発展の文脈において，明確に示している。たとえば，EUはその設立時に掲げた価値観および原則に基づいて機能すべきであり，対外政策と国内政策において二重基準を設けるべきではないとして，「EUの国際社会における活動は，その設立・発展・拡大に寄与した諸原則，すなわち，民主主義，法の支配，人権および基本的自由の普遍性および不可分性，個人の尊厳，平等および連帯の原則，国連憲章および

国際法の尊重に基づくものである」と述べている（21条1項）。

　リスボン条約は，EUのこうした行動原則に実効力を与えるための手段をも示している。すなわちEUは「(a) その価値，基本的な利益，安全保障，その独立と統合を遵守し，(b) 民主主義，法の支配，人権，国際法の原則を支持し，(c) 国連憲章ならびにヘルシンキ最終議定書の原則，パリ憲章の目的に基づき，その域外をも含め，平和維持，紛争予防，国際安全保障の強化を行い，(d) 発展途上国における貧困の撲滅を主要な目的として，持続可能な経済的・社会的・環境的発展を促進し，(e) 国際貿易における規制の漸進的撤廃などを通じ，世界経済への全国家の統合を奨励し，(f) 持続可能な発展を確実なものとするため，環境保護および天然資源の持続可能な管理を継続・向上させるための国際的措置の設定に貢献し，(g) 自然災害および人為的な災害に直面した住民，当該国および当該地域を支援し，(h) 強力な多国間協力および良好なグローバル・ガバナンスに基づいた国際システムを促進するため，その共通政策および行動を定義づけ，これらを追求し，高度な協力へと向けて努めねばならない」のである（21条2項）。

5　EU外交の独自性

　外交とは，単に対外政策を指す一語彙ではなく，対外政策の目標を実際の対外行動として解釈し，遂行するための手段を提供する技術であると言える。したがって欧州外交とは，CFSPおよびESDPの目的を解釈し，上級代表および世界各地に派遣されたEU代表団の手腕により，それらを実行に移すことを意味する。欧州外交は，伝統的な意味での外交と同様の機能をももっているものの，前述したEUのソフト・パワーの概念に内在する構想および手段がその主な形成基盤となっているため，本質的に協力的なものとなっている。

　欧州外交と覇権国家による外交との差異は，法的根拠を有する点，共通の価値観に基盤を置いている点，活用可能な政治的手段を有している点などにある。EUは効果的な多国間主義に基づく政策を追求しており，この点は国民国家とは特に対照的である。EUは地域・グローバル双方のレベルにおいて，国際法

の遵守と発展,国連憲章の強化を重視している[9]。共通の価値観をもつパートナー国との協力を通じ,これを共通の利益へと解釈・昇華することにより,EUにおける真の戦略的パートナーシップにつながるものと考えられる[10]。EUの効果的な多国間主義および文民的な機能の活用は単なるスローガンにとどまるものではなく,その外交においてEUが有効に活用しうる概念および手段である。

EU外交における活動例としては,以下のようなものが挙げられる。

① 調停活動を含む様々な機能を通じた紛争予防・安全保障・治安の安定
② 効果的な多国間主義の強化
③ 人権および法の支配の擁護
④ 特定国家の開発政策プログラム確立に対する専門知識の提供
⑤ アラブの春への対処として新設された危機管理委員会・プラットフォームによる関係諸機関間の連携促進

すなわち,EUの政策目標は,加盟国のそれを補完するものであり,紛争予防,危機管理,兵器不拡散,人権および望ましいガバナンスの促進,気候変動問題への対処,全般的な平和と安定の促進などが含まれる。また,エネルギー安全保障も,EU外交の目標の1つとして,その重要性を増しつつある。希少資源確保における競争は激化しつつあり,これらの資源が不安定な地域に存在する場合が多いため,地政学的な安全保障問題とも密接に関連した課題である。

上級代表および対外政策担当委員は,EUの諸機能を活用し,長期的に加盟国およびEU諸機関の活動を調整および発展させることにより,その活動を真の欧州外交として結実させることをめざす。すなわち,EU外交とは,EUとしての共通見解を示すにとどまらず,これを共通行動として遂行することまでを含む。EUの外交政策の利点は,欧州委員会で扱われる複数の政策分野を考慮に入れた総合的なものである点であり,上級代表が委員会の副委員長を兼任している理論的な根拠はまさにそこにある。一般特恵関税制度の付与および撤回を含む共通通商政策,技術移転およびこれに伴う知的財産権保護改善のための支援策,開発政策の戦略的活用(差別化),エネルギー問題およびエネルギー安全保障政策,気候変動への対処,移民政策など,EUの外交政策の枠組みで対処されるべき政策分野は多種多様にわたる。

また、国家に固有の外交機能の中でも、常備軍などのように、EUが保有していない機能もある。すなわち、欧州外交においては、国際的な死刑反対運動を含む人権擁護などの価値観およびこれに基づく政策が外交の手段として追加されている一方で、軍事介入による国益遂行が意図的に放棄されている[11]。欧州外交における人権促進の重要性は、2012年の欧州理事会において採択された「人権と民主主義に関するEUの戦略的枠組みおよび行動計画」においても強調されている。そこでは、「市民権、政治的権利、経済的権利、社会的権利、宗教的儀式の権利などを含む全ての人権の促進と擁護」に向けてEUが責務を果たす意志が再確認されるとともに、EUが「戦略的パートナーを含むすべての第三国との関係において人権を中核的なものとする[12]」と強調された。EUが国際司法裁判所の設立に貢献したことに鑑みても、EUの人権政策は具体的な成果を生むものであることが示唆されていると言えよう。

以上述べてきたことから明らかなように、EUの外交は国民国家のそれとは異なったものである。CFSPは、非軍事的手段によって紛争を解決してきた欧州の歴史的経験に基盤を置いている。EUは、強制力のある法規範に基づいた精巧な制度的枠組みに基盤を置いており、これまでの歴史において、平和創造および平和維持の試みとして、最も成功した機関である。共同体としての能力強化もまたCFSPに含まれるものであり、法的根拠に基づく整合性の高い手続きおよび交渉手腕による「コミュニティ・メソッド」は、EUの成功の背景要因となっている。EUはその非軍事的分野における機能および能力により、グローバルなアクターとしての性格をさらに強めることとなった。EUの独自の構造と並んで、新たな外交ツールとしての地域間協力（interregionalism）への志向も、EU外交の特徴の1つである[13]。

6　シビリアン・パワー

EUは、かつての「デフォルトのシビリアン・パワー」から「選択的なシビリアン・パワー」へと発展した[14]。こうした自己規定により、EUは、外交問題においても、安全保障問題においても、国際政治において特定の役割を果たす

7

ことができるようになった。EUは，平和的国家間関係の機構化および制度化のモデルとなったにとどまらず，地域紛争およびグローバルな安全保障問題において，非暴力的解決策を目指すアクターとなったのである。したがってEUは，非伝統的な安全保障課題への対処を可能とする機能を多く備えている。

　EUのソフト・パワーとしての自己規定を示す政策は，枚挙に暇がない。例としては，軍備管理・軍縮などの代替的な戦略の展開，シリア・イラン間における交渉に向けた呼びかけ，中東に対する公平なアプローチ，テロの根本原因（差別，貧困，独裁など）の解決に焦点を当てることにより，その安全保障問題化（すなわち「テロとの戦い」[15]の枠組みにおける安全保障問題の優先）を回避，気候変動問題への取り組み（京都議定書およびコペンハーゲン合意に基づく効果的な体制[16]づくりへのコミットメント），また，国益を超えた個人の利益重視（死刑廃止運動，人間の安全保障の促進）などが挙げられよう。法的手段および手続きに基づく政治的・外交的手段の効果的な活用は，近代的なシビリアン・パワーとしてのEUの能力を示すものである。フィリピンのミンダナオ島における紛争管理においてEUが用いた開発・人道援助に焦点を当てた包括的なアプローチは，平和維持活動においてEUがより直接的な役割を担う端緒となった。また，人道的関与から政治的関与への移行においてみられた専門NGOとの密接な協力は，EUの紛争管理能力に関する興味深い事例である。[17]

7　包括的安全保障

　2003年，EUは「より良い世界における安全な欧州」と題された欧州安全保障戦略（ESS）を採択した。[18]この文書は，テロリズム，大量破壊兵器（WMD）拡散，組織犯罪，地域紛争，破綻国家などに代表される安全保障上の脅威に対し，共通の目標に基づく加盟国間の協力を深化する試みであった。また，安全保障における新たに出現した課題に関する認識に鑑み，2008年に出されたESSにおいては，上述の課題に加えて，気候問題に関する方策（気候変動と国際安全保障）ならびにその適用に関する分析から得られた考察，エネルギー安全保障が追加された。

EES がその対象とする分野を拡大したことは，今日の安全保障上の脅威および紛争の根本的な要因が既に軍事的な性格のものではなくなってきたことを示唆している。そのような視点は，2001年米国同時多発テロ後の世界においては，軽視される傾向もあったかもしれないが，9・11テロは，安全保障の意義とその含意に関する多様な解釈によって断片化された世界において，ソフト・パワー戦略を導入することの重要性を明確に示していることを改めて強調しておきたい。

　EU は，政治・経済・環境・社会的次元を包含する包括的な安全保障概念にその政策の基盤を置いている。

　政治的安全保障においては，EU は，信頼醸成措置，地域主義および地域間主義ともに，効果的な多国間主義の一環として，レジーム構築および地域ガバナンスの発展を奨励している。また，共通見解をもつ諸国との二国間ないし三国間の政治対話，信用性・一貫性・相互の信頼に基づく戦略的パートナーシップの構築などを通じ，短期的な政策転換を回避する仕組みも EU が効率的に任務を果たす上で重要な役割を果たしている。

　EU は，対外行動局の下で，結果主義に基づいた，より焦点の定まった首脳会議を通じて政策運用面の議論を行い，明確な成果と相互の利益確保を図るべきである。アジアにおいては，欧州共通のアジェンダをより前進させるため，EU の参加するアジア欧州会議（ASEM, Asia Europe Meeting）を活用することが効果的であると考えられる。戦略的パートナーとの間において，相互の政策および国際機関などでの取り組みに関して情報を共有し，調整することにより，信頼醸成が進められる。その事例としては，例年の国連総会前に行われる ASEM での対話，G20，国連環境会議前の準備プロセスにおける「シェルパ（首脳個人代表）」レベルの情報共有および政策調整などが挙げられる。また，欧州2020，欧州2030のような長期的な政策設計について戦略的パートナーとの議論を行うことは，信頼醸成のみならず，それらのパートナー国による政策との相乗効果をもたらすことにも繋がる。こうした国家間ネットワークを通じた作業は，会議に先立った事前協議を行うことにより，その効果が高まると考えられる。これらの共同活動を通じ，各々の概念および見通しなどに関して相互の認

識が高まり，適切な政策の構築が可能になるとともに，危機および緊張状態に直面した際に，不適切な反応を引き起こしかねない誤解や認識の相違などを回避することにも繋がる。この意味で，EUレベルおよびアジアにおいては，EUの政治的役割および機能に関する認識を喚起するために公開された外交が重要である。パートナー国はEUが理解可能かつ行動が予測できる場合にこそ密接な協力を促進できるからである。政治的なレベルにおいては，EUはより存在感の高い首脳会議（例としては，ASEANとの首脳会談）の開催，ASEANなどの地域機構へのEU大使の派遣などの策が可能であろう。

経済安全保障においては，EUが5億人の消費者を擁する世界最大の市場であることは，国際貿易交渉の場において広く認識されている。環境安全保障においても，EUは気候変動への取り組みにおいて指導力を発揮しており，再生技術や関連法規設定に率先して取り組んでいる。外務理事会は「気候変動および国際安全保障に関してこれまで取られてきた方策に基づき（中略），グローバルな議論を促進する必要」があるとの認識を示している。[20]

社会的安全保障の面では，EUは，EU機関，ジャン・モネ・チェアーおよびそのプログラム，エラスムス・ムンドゥスなどを通じ，高等教育の場としての欧州の魅力を高める役割を果たしている。これらの政策は，特にアジア太平洋地域・EU関係において重視されるべきである。中国の社会的ソフト・パワーの脆弱さに鑑みて，米国とEUのアジア太平洋地域における努力は，アジア太平洋地域での注目を集めるものであり，実り多いものとなるであろう。

こうした目的を達成するには，EUとしての政策的一貫性に向けた機構内部の調整への取り組みを一層強化せねばならない。EUのグローバル・アクターとしての地位への理解を高めるには，EUは首尾一貫した欧州としての統一見解を確立する必要がある。この文脈において，EUは，1987年に合意された東アジア政策に関するガイドラインを2012年6月に更新し，2012年に改定された東南アジア友好協力条約に加入した。[21] また，EUは達成可能な目標を設定することにより，認識や期待に関する誤謬を回避し，ダブル・スタンダードを軽減することができるであろう。

EUは多極化の一途をたどる国際社会における対処を迫られている。現下の

金融・経済危機への解決を迫られているのは、もはやG7ないしG8ではなく、G20である。WTOにおいても、かつてのウルグァイ・ラウンドの際に見られたEU・米国・カナダ・日本の四大国が指導力を発揮する状況ではなく、EU・米国・ブラジル・インドが新たなカルテットとして振舞うようになっており、これは画期的な変化である。「効果的な多国間主義」については、「効果的」であることと「多国間主義」が両立可能な概念であるのかとの疑念がしばしば呈されてきたが、多国間主義は、ESSの中核概念として、国際政治における原則として再認識されつつあり、これはオバマ政権における米国の国際社会におけるアプローチやG20の台頭などにおいても示唆されている。

8　欧州近隣政策

　かくしてEUはグローバルな役割を強めつつあるものの、EUはその近隣地域においてこそ、その影響力を最も効果的に発揮し得ることは言うまでもない。将来のEU加盟を望む諸国、欧州経済地域（EEA）内にあってEUと密接な関係を持つ諸国、コトヌー協定調印国などは、EUの規約ないし規制を概ね遵守している。EEA諸国の場合には言うまでもないが、EU加盟に向けた準備、あるいは欧州単一市場への参入を目的として、そうした動きをとる国もある。

　10カ国に上る新規加盟国を加えた2004年EU拡大、2007年のルーマニアおよびブルガリアの新規加盟を受け、EUは、その近隣地域に関する政策として、欧州近隣政策（ENP）を立ち上げた。こうした状況について、2003年のコミュニケでは「2004年5月1日、EUは新たな歴史的段階に入る。25加盟国を擁する拡大EUは4億5千万の人口およびほぼ10億ユーロに上るGDPを抱えており、欧州大陸におけるその政治的・地理的・経済的な意義を増すことになるだろう。機構拡大は、EUの共有の価値観および基本的自由の尊重の枠組みにおけるEUの成長および雇用促進に繋がる。人・資本・商品・サービスの新たな移動パターンが生まれ、これにより、文化および慣習の多様化がもたらされるだろう。すなわち、機構拡大により、EUの域外世界との政治・経済関係の形態には変化が生じることになる」との認識が示されている。[22]

欧州近隣政策において、EU は、その近隣国に対して単一市場参入に関するほぼ全ての権利を付与している。対象となる近隣国は EU 加盟国となる訳ではないため、EU の諸機関に参加することはないものの、EU の東方および南方諸国は、この政策を通じて EU との密接な関係を通じて、経済的・政治的発展における支援を受けることとなる。EU としては、機構拡大によって欧州のフロンティアがさらに遠ざかった結果、その影響力の及ばない領域が形成される状況は回避されねばならない。地中海地域においては、EU は、1995年に開始されたバルセロナ・プロセスを活性化し、地中海連合を設立した。これにより、EU はアラブの春において生じた課題のうち、その一部については、迅速な対処策を取ることのできる立場にあったのである[23]。アラブの春は EU の予想を超えた展開を示したが、EU は、緊急援助、機構構築および法の支配の確立に対する支援を提供し、当該諸国において市場アクセス改善に関する展望を与えた。リビア危機においては、アラブ連盟の反カダフィ連合の取り込みや、政府軍の武力攻撃からの市民保護のための武力行使を承認する国連安保理決議採択を実現するなどの役割を果たした。

9　おわりに――アジアに対する EU の利害関心――

　アジアにおける EU の戦略的利益は、その幅広い影響力を駆使することによって実現される。具体的には、地域における安全保障と経済的繁栄の促進、台頭しつつある中国のグローバル・ガバナンス改革への取り込み、本来のパートナー国である日本との協力強化、朝鮮半島における緊張緩和への貢献、地域的にもグローバル・レベルでも役割を果たす意思を有するインドとの関係強化、ASEAN とのこれまでの対話に基盤を置きつつ、地域における新たな機構枠組みに参加することなどが挙げられよう。
　これらの目的を達成するためには、EU は従来から行われてきた通商・経済上の協力にとどまらず、リスボン条約の原則や文言に即した政治的・戦略的対話への関与を深化することにより、包括的な役割を演じるグローバル・アクターとして認知されるよう努めるべきである。

第1章 EUの外交政策

　アジアの重要性，その地理的範囲，域内諸国の多様性，また，その対外政策の合理化に向けたアジア諸国の取り組みに鑑みても，アジア太平洋地域におけるパートナー諸国との関係の強化，および地域での評価の向上を目指すことはEUにとって利益となる。EUの観点からは，EUとの相互協力の中核的な趣旨を受け入れており，当該地域における下部地域やネットワークの効果をより高める能力をもつパートナー国に焦点を当てることにより，戦略的パートナー諸国（全10カ国のうち，4カ国がアジア諸国）[24]との協力促進は，EUの利益を促進するものと考えられる。戦略的パートナー国の新たな追加は殆ど行われてきていないことは確かだが，新パートナー国を無為に増加させることはその意義の空洞化につながるのみであり，回避されるべきであろう。協力体制を活用することにより，ロビー活動，課題設定，旅行に関する政策などの面での相乗効果が期待できる。パートナーシップに関する概念を政策として実行していく上で，パートナー諸国との共同作業においてこれをさらに発展させていく必要がある。
　中国は発展途上国から先進国への移行に成功し，グローバルな野心をもつ地域大国として成長しつつあり，人権，法の支配，民主主義，グローバル・ガバナンスなど複数の側面でEUと見解を異にするものの，必然的に戦略的パートナーとなっている。しかしながらこれらの相違に関する反対姿勢を覆すことは，EUの内外における信頼性を損ないかねず，結果としてEUの外交政策の重要な側面を大幅に弱体化させることにもなりかねない。EUのソフト・パワーの側面は，依然としてその重要な強みであることには変わりがないのである。
　戦略的パートナーシップにおいて中国に対して特に焦点が当てられていることは確かだが，他の戦略的パートナー諸国が各々独自の役割を果たしていることに鑑みて，それら諸国との関係もまた重要である。したがって，地域における政治的・経済的影響力の面で中国と競合関係にある日本，韓国，インドとの協力は，これら諸国との価値観の整合性が高いことからも，今後とも促進されることは間違いがないだろう。アジアには企業間関係の密なネットワークの存在しており，これはパートナー諸国間の相互依存度の高さを示していると言える。
　自由貿易協定（FTA, Free Trade Agreement）の締結および韓国との人権問題

を含む政治的枠組み合意は，日本およびインドとの間においても達成されるべきであり，これにより，法の支配，人権および民主主義の原則の重要性に関するEUとこれら諸国の共通見解を強調すべきである。そのような合意が効果的になされれば，これらの問題に関する中国への明確なメッセージとなるだろう。EUの韓国との関係強化は，通商問題のみならず，地政学的安定性に関するEUの関心が高まっていることを示唆している。インドネシアとの関係強化も，イスラム諸国へのEUの影響力を高める上で肯定的な意義をもつ可能性がある。

「効果的な多国間主義」を提唱するEUは，アジアにおいて成長しつつある地域機構間ネットワークにも特に注目すべきである。ASEANは，既に長期にわたりEUとの機構間対話を続けてきた歴史があり，また，アジアにおいても，新たな地域的枠組みの設置（ASEAN地域フォーラム：ARF, ASEAN Regional Forum, 東アジア首脳会議：EAS, East Asia Summitなど）を通じた対話の促進に努めている。近年，ASEANは，ASEAN憲章の制定などを通じて機構強化を進めており，その意味で，ASEMのメンバーでもあるASEAN事務局とEUの協力を深化させ，いずれはASEANを戦略的パートナーに加えることをも目指す方向で尽力するべきであろう。ミャンマー情勢の進展により両機関の協力体制は促進されてきたものの，ASEANとのFTA交渉が望ましい成果をもたらさなかった事実は，両機関関係の限界を示してもいる。

EUは，その提唱する包括的安全保障の概念に基づき，アジア太平洋地域においてその利益を有していることは間違いない。2003年の欧州安保戦略（ESS, European Security Strategy）においても，EUの安全保障上の利益はアジア地域にも及ぶ旨が以下のように明確に述べられている。

「グローバル化の進む現代にあっては，遠隔地における脅威は近隣地域におけるそれと同様に懸念材料となりうる。北朝鮮の核活動，南アジアにおける核拡散の危険，中東への核拡散などは，いずれも欧州の安全保障にとっても重要な含意を持つ。テロリストや犯罪者は，今や世界規模で活動しており，彼らの中央アジアおよび東南アジアでの活動も欧州諸国およびその市民への脅威となりうるのである。（中略）我々は，歴史的・地理的・文化的な関係により，中東，アフリカ，ラテン・アメリカ，アジアといった世界各地の隣人たちと，何らかの繋がりをもっている。EUとこれら諸地域との関係は，今後とも基盤とすべき重要な資産である。我々は，日本，中国，カナダ，

インドのみならず，目的および価値観を共有するあらゆる諸国との戦略的パートナーシップを促進すべきであり，またそれら諸国に対して支援を与えるべきである」[25]。

　欧州とアジアの安全保障状況は大きく異なっている。1989年に欧州の分断および東西の同盟間対立が終焉して以来，EU はそのソフト・パワーを活用することができるようになった。他方，アジア地域では，朝鮮半島における冷戦的な分裂状況や同盟外交（日本，韓国，台湾に対する米国による安全保障，米国とオーストラリア，フィリピン，タイとの同盟，インド，シンガポール　インドネシアなど主要パートナー国との協力）が未だ存在しているし，封じ込め政策もまた同盟構築の一形態である。EU は，法的手段による紛争回避や紛争解決にとどまらず，制度化された超国家的機構を通じて共通政策決定を行う構造を欧州に構築したが，アジアには EU に匹敵する「上部構造」が存在しない上，グッド・ガバナンス，法の支配，民主主義，市場経済などの共通の価値規範が存在しない。アジアの安全保障環境はいまだ不安定な状況にとどまっている。また，EU においては武力攻撃時における加盟国への支援義務がリスボン条約で新たに言及されていることに加え，NATO による安全保障の傘，対話の場としての欧州安全保障協力機構（OSCE, Organization for Security and Cooperation in Europe）など，欧州には多国間安全保障構造の枠組みが存在するが，アジアにおいては，そのような枠組みは，ARF を除いては基本的に存在しない。アジアには地域情勢の不安定な地点が数多くあり，これらは EU にとって脅威であるが，グローバル化の帰結としてのアジアの経済発展もまた EU の安全保障にとって重要な意味をもつ。安全保障は防衛と同義ではなく，その意味で，アジアの安全保障は EU が利害関係を持つ分野であると言える。

　上級代表ならびに対外行動局による外交・安全保障政策の「欧州化」により，EU および加盟国の効果的な集団行動が可能となるが，EU がその意思と地位に見合ったより積極的かつ際立った役割を確実に果たせるようにすることがその課題であると言えるであろう。

【注】
1　2013年7月にはクロアチアが28番目の加盟国になることが確定している。

2 Michael Reiterer, 'EU Foreign Policy: From Cooperation to Diplomacy', *EU Studies in Japan* 28 (2008), pp. 27-44.
3 Teija Tilkainen, 'The EU in Its Own Eyes: The EU's Power in Its Self-Understanding', *EFAR* 16 (2011), pp. 187-205.
4 Michael Reiterer, 'Europe-Asia: More than Distant Economic Partners?' in *The Asian-European Agenda, Ideas for Crisis Prevention and Effective Cooperation* (Bertelsmann Stiftung, 2012), pp. 27-43.
5 [http://eeas.europa.eu/ashton/index_en.htm].
6 TEU26条2項。また，32条も参照のこと。
7 Trevor Salmon, 'The European Security and Defence Policy: Built on Rocks or Sand?', 10 *EFA Rev.*(2005), p. 371.
8 Brian Hocking, 'Diplomacy', in: Walter Carlsnaes, Helene Sjursen and Brian White (eds.) *Contemporary Foreign Policy* (London, 2004), pp. 91-109.
9 Reiterer, EU Foreign Policy (2008), p. 3.
10 Antonio Missiroli, 'Revisiting the European Security Strategy ? Beyond 2008', *EPC Policy Brief* (April 2008).
11 Michael Reiterer, 'Human Rights as Part of the EU Foreign Policy After Lisbon In Defence of Western Values and Influence?' in Wolfgang Benedek, Wolfram Karl, Anja Mihr, and Manfred Nowak (eds.) *European Yearbook on Human Rights 2010*. European Academic Press, pp. 141-152.
12 EU Strategic Framework and Action Plan on Human Rights and Democracy, June 25 2012, 11855/12 [http://www.consilium.europa.eu/uedocs/cms_data/docs/pressdata/EN/foraff/131181.pdf].
13 Michael Reiterer, 'Interregionalism as a New Diplomatic Tool: The EU and East Asia', 11 *EFA Rev.* (2006), pp. 223-244.
14 Stelios Stavradis, 'Why the militarising of the European Union is strengthening the concept of a civilian power Europe', *EUI Working Papers* (2001) [http://www.iue.it/RSCAS/WP-Texts/01_17.pdf].
15 Alvaro de Vasconcelos (ed.), 'The European Security Strategy 2003-2008: Building on Common Interests', IISS, Paris, Report 2009, 5, p. 20 [http://www.iss.europa.eu/up loads/media/ISS_Report_05.pdf].
16 The Copenhagen Accord, Decision CP15 (18 December 2009). [http://unfccc.int/documentation/documents/advanced_search/items/6911.php?priref=600005735].
17 Alistair MacDonald, Gabriel Munuera Vinals, 'The EU and Mindanao: innovative avenues for seeking peace', *IIS, Paris, Occasional paper 97* (2012), p.5 [http://www.iss.europa.eu/uploads/media/op97-The_EU_and_Mindanao.pdf].
18 European Security Strategy: A Secure Europe in a Better World (2003). [http://www.consilium.europa.eu/uedocs/cmsUpload/78367.pdf]. 2008年報告書は中央アジアにおける戦略について言及しているものの，それ以外のアジア地域については，南アジアでの犯罪への対処を除いては，ほとんど言及がない。[http://www.consilium.europa.eu/ueDocs/

cms_Data/docs/pressdata/EN/reports/104630.pdf].
19　たとえば2012年EU中国サミットのコミュニケなどを参照。Joint Press Communiqu? of the 14th EU China Summit (February 14, 2012): "*7. Both sides expressed the determination to fully exploit the opportunities brought by China's Twelfth Five-Year Plan and the Europe 2020 Strategy to foster synergies and to promote cooperation in all fields.*" [http://europa.eu/rapid/pressReleasesAction.do?reference=MEMO/12/103].
20　Council Conclusions on EU Climate Diplomacy (18 July 2011). [http://www.consilium.europa.eu/uedocs/cms_Data/docs/pressdata/EN/foraff/123923.pdf].
21　[http://eeas.europa.eu/asia/docs/guidelines_eu_foreign_sec_po_east_asia_en.pdf].
22　Communication from the Commission to the Council and the European Parliament, COM (2003) 104final, Wider Europe? Neighbourhood: A New Framework for Relations with our Eastern and Southern Neighbours [http://ec.europa.eu/world/enp/pdf/com03_104_en.pdf].
23　The EU's response to the 'Arab Spring', MEMO/11/918, (16 December 2011) [http://europa.eu/rapid/pressReleasesAction.do?reference=MEMO/11/918&format=HTML&aged=0&language=EN&guiLanguage=en].
24　EUの戦略的パートナー国は，ブラジル，カナダ，中国，インド，日本，メキシコ，ロシア，南アフリカ，韓国，米国の10カ国。
25　ESS (2003)。

第2章 安全保障における国連・EU協力
―― 安全保障地域機構としてのEU ――

梅澤華子

1 はじめに

　冷戦後の新たな安全保障環境において，国連および地域機構を含む国際機構は，地域紛争や内戦などの複雑な安全保障状況での平和活動への需要に直面することとなった。これに伴い，国際機構による平和活動は，その内容の面でも規模の面でも大きな変遷を遂げた。こうした困難な過程を通じて，国連とEUは共にその安全保障における能力の見直しを迫られてきた。EUの周辺地域において相次いで発生した人道的危機状況への対処において，EUはその危機管理能力の欠如を決定的に露呈した。他方，旧ユーゴスラビアおよびルワンダでの深刻な人道的危機の発生およびその拡大を防ぎ得なかったことにより，国連の安全保障能力の妥当性が厳しく問われ始めた。また，気候変動，大量破壊兵器を含む武器拡散，テロリズムなどのグローバルな問題が深刻化したことにより，国連およびEUを含む地域機構は「地球規模の問題に取り組むための政策主体は依然として主権国家に属しているにもかかわらず，問題の原因や潜在的な解決策は超国境レベル，地域レベル，あるいはグローバルなレベルにある」という安全保障ガバナンスにおけるパラドクスに改めて直面することになった。
　国連は，冷戦後まもない時期からその危機管理能力の向上に取り組んできた。国連平和維持活動局（DPKO, Department of Peacekeeping Operation）においては，ブラヒミ報告書の勧告に基づいて，職員の大幅な増員，および活動内容の効率化などを含む広範囲にわたる改革が進められてきた。また，国連は1992年に出

された事務総長報告書「平和への課題[5]」をはじめ，それ以後の多数の決議文書や公式文書において，急増した平和活動の需要に対応するために，安全保障における国連と地域機構との協力に関して規定した国連憲章第8章の理念に基づき，地域機構および準地域機関に対して繰り返し支援と協力を訴えてきた[6]。他方，EUもまた1990年代半ば以降から危機管理および平和構築における機能向上に取り組み始め，その共通安全保障防衛政策（CSDP, Common Security and Defense Policy）を通じて，EUが自律的な危機管理機構として機能するために必要な能力に関する野心的な目標を設定してきた[7]。国連とEUの安全保障協力は，双方の機構において進められてきたこうした危機管理能力の向上と並行して促進されてきたのである。EUは平和活動における複雑な任務を遂行するための資金援助および後方支援などを供給する能力を備えており，これにより国連の負担を軽減することができる。またEUにとっての政治的・戦略的観点に鑑みれば，EUの国連尊重の姿勢は，その標榜する「効果的な多国間主義[8]」に沿ったものである。EUは2003年以降，「危機管理における国連・EU協力に関する共同宣言[9]」の採択およびこれに基づいた合同協議メカニズムの設置を通じ，国連との体系的な協力関係の構築を積極的に進めてきた。

　本章では，安全保障における国連・EU協力の発展について，その経過と現状を概観・分析するとともに，今後の安全保障環境における国連・EU協力の可能性と展望を探る。まず，安全保障における国連と地域機構の協力の背景およびその基盤となる法的枠組みである国連憲章第8章に関する議論をも含め，全般的な概説および考察を行った上で，危機管理において国連とEUの間で確立されつつある構造的な協力枠組みについて概説する。特にEUが法的には国連と協力するための国連憲章第8章における地域機構としては自己規定していないにも関わらず，実践面では国連との協力体制を積極的に促進してきた点を指摘しつつ，その「地域機構」としての将来的な地位及び役割について考察を加える。最後に，国連・EU協力の利点および今後の課題について述べ，結語としたい。

2 危機管理における国連と地域機関との協力

(1) 国連憲章における国連・地域機構関係

　国連憲章第8章は，平和と安全の維持において地域機関に特別な役割を賦与している。その52条は地域機構がその領域内での紛争の平和的解決のためのイニシアチブを取ることができると明記している。また53条では，それらの地域機関が安全保障理事会の承認の下で強制措置を実施することができるとされている。しかしながら，国連による一般的な指示と制御の下で地域機構が地域の安全保障において効果的に機能することを目指した国連憲章の当初の理念は，冷戦下においては，安全保障理事会がしばしば機能不全に陥ったことから，実際に活用されることは不可能であった。冷戦期の国連と地域機関は「協力的」というよりはむしろ「競合的」関係にあったと言うことができるだろう。[11]

　国連・地域機構関係のこうした硬直状況は，1990年代前半の国際環境の変化を受け，劇的に変貌した。冷戦終結後に頻発した地域紛争や内戦への対応を迫られた国連平和維持軍は，複雑な任務を含むコストの高い活動に関与することとなった。一方，ソマリアのような極めて不安定な地域での国連活動への参加により人的・資金的損失を被った国連加盟国の中には，国連の活動への兵力の提供に消極的な態度を示すようになる例も見られた。こうした一連の状況の結果，国連は平和活動における地域機構の支援と協力の重要性を改めて強調するようになった。

　ガリ元国連事務総長は1992年の事務総長報告書「平和への課題」において，地域機構との協力は国連の負担を軽減し，国連加盟国の国際情勢への参加やコンセンサスに関する認識を深め，より民主的な国際環境の醸成に寄与できると指摘した。ガリは，地域機構は，予防外交，平和維持，平和執行，紛争後の平和構築において貢献することのできる潜在的な能力を有していると主張した。[12]これに続く1995年の事務総長報告書「平和への課題――追補――」においても同様の主張が繰り返されるとともに，地域機構による平和活動の外交的支援および後方支援，また国連平和活動と地域機構の共同展開・共同ミッションの可

能性なども提起された。[13] 国連と地域機構の協力はアナン前国連事務総長の下でさらに強化・体系化され，アナンは紛争予防，紛争管理，紛争解決における地域機構の役割拡大の重要性を繰り返し主張した。[14]

　国連による平和活動への世界各地からの需要が急増していく一方で，国連が支援を求めることのできる地域機関の数は国連創設以来半世紀を経て著しく増加してきた。[15] また，従来は集団安全保障や経済協力などの特定の目的に特化してきた地域機構の中にも，EUをはじめ，北大西洋条約機構（NATO, North Atlantic Treaty Organization）や西アフリカ諸国経済共同体（ECOWAS, Economic Community of West African States）などのように，国連憲章第8章に明示的に言及することは回避しつつも，その活動領域を徐々に拡大し，紛争予防や危機管理などにおける役割を果たすようになったものも見られる。他方，国連安全保障理事会は1990年代以降，地域機構による平和活動を承認するとともに，アフリカ統一機構（OAU, Organization of African Unity。現在のアフリカ連合），ECOWAS，欧州安全保障協力機構（OSCE, Organization for Security and Cooperation in Europe）などを含む地域機構との協力に基づく平和活動を各地域で行ってきた。こうした状況により，いかなる地域機構が国連憲章第8章の意味での地域組織と見なされる要件を満たすのかという問題についての議論が必然的に提示されることとなった。国連憲章第8章は，その対象とする地域機構に関して明確な定義を示しておらず，地域機構が地域内の紛争の平和的解決に関する任務を負う旨を述べるにとどまっている（52条）。地域機構の中には，米州機構（OAS, Organization of American States）のように設立時にその憲章などにおいて国連憲章第8章の地域機構としての地位への認識を明言した機関や，事後の決議文書（アフリカ連合：AU, African Union）[16] や宣言文書の採択（アラブ連盟[17]，OSCE[18]，独立国家共同体[19]など）により国連憲章第8章における地域機構として自己規定した機関も存在するが，NATOやEUを含む多くの地域組織は，慎重にそのような定義づけを回避してきた。[20] ガリ国連事務総長は，国連憲章第8章は「地域的取極及び地域的機関（regional arrangements and agencies）」に関する厳密な定義を提示しないことにより「特定の国家グループが地域的な行動にふさわしい問題に対処する際に有用な柔軟性」を可能にしていると述べてお

[21]
り,安全保障理事会は,地域機構との協力に関して実際には実践的かつ柔軟な態度で臨んできた。すなわち安保理は,国連憲章第8章への言及の有無にかかわらず,平和活動における「能力と意思」を有する地域機関と協力するとともに,関連する安保理決議においても,必要に応じて,国連憲章第7章あるいは第8章に言及してきた。

(2) **国連事務局と地域機構の連携**――ハイレベル会合――

　こうした柔軟かつ現実的な態度は国連と地域機関の代表の間で1994年から開催された隔年のハイレベル会合においても適用されており,その活動や規模において種々多様な機構がこの会議に招待されてきた。最初のハイレベル会合は1994年に開催され,爾来2006年までに7回に渡り開催された。参加地域機構の数は開催初期から比べ,文字通り倍増した。[22]第4回会合までは,国連・地域機構協力を通じた武力紛争の予防,国際情勢の安定化に向けた基盤強化などに焦点が当てられた。[23]2002年の第5回会合においては,米国における2001年9月11日の同時多発テロの発生を受けて大きく変化した安全保障環境への対応およびテロリズム対策に焦点が当てられた。[24]これら一連のハイレベル会合を通じ,国連および地域機構各々の「比較優位」に基づいた紛争予防や平和構築における協力枠組みの構築が進められた。[25]

　第6回会議ハイレベル会合の目的は,「脅威に関するハイレベルパネル」[26]および事務総長報告書『より大きな自由を求めて(In larger Freedom)』[27]の地域機構に関する提言について議論することであった。会合では,平和維持,文民保護,人権,民主化と軍縮に向けた対話などの課題別ワーキンググループが設置され,それぞれの目的に合わせた具体的な対応やその手段に関する議論がなされた。また,各地域からの平和活動に関する提案を促進し,地域安全保障への地域機構の政治的関与を促すとともに,決定事項の実施状況を監視することを目的とした常任委員会の設置が合意された。また,国連と地域機構の協力における原則に関する一般的な合意に関する再確認が行われた。すなわち,国際安全保障における国連の役割の重要性,地域紛争や危機状況における柔軟かつ実際的なアプローチの必要性,平和活動における国連・地域機構間の役割分担の明確化,両機関による定期的かつ緊密な協議など,協力に関する全般的な原則

が再確認された。また，対テロリズム活動に関する両機関の協力の促進についても議論された。[28]

　第7回ハイレベル会合は2006年9月に開催された。コフィー・アナン（K. A. Annan）国連事務総長はグローバルな安全保障問題に取り組むにあたり，国連と地域機構の協力においては「両機関の関係における新たなレベルの明確さ，実効性，真剣さ」が必要である旨を強調した。[29]会合においては，これまでの一連のハイレベル会合の結果，安全保障における国連と地域機構のパートナーシップは順調に発展してきたものの，そのような協力体制が真に有効に活用されるためには残された課題も多いとの認識が示された。特に，キャパシティ・ビルディングにおける役割と支援の明確化の必要性が強調されるとともに，協力に関する明確なガイドラインを設けることにより，その効率化をはかるべきであるとの認識が共有された。具体的には，国際平和および安全の維持に関する安全保障理事会の優位を再確認するとともに，今後の会合においては，あらゆる地域の状況を鑑みたバランスの取れた視点に基づいて特定の紛争状況に関しても焦点を当てていく必要性があると指摘された。[30]

　しかしながら，第7回会合以降，国連・地域機構協力のプロセスは停滞傾向を見せており，国連開発計画（UNDP, United Nations Development Programme）内に設置されていたハイレベル会合開催に関する担当部署も2007年には解体されるに至った。アナン前国連事務総長が国連と地域機構全般の協力を促進してきたのとは対照的に，潘現国連事務総長は，最も紛争の頻発する地域であるアフリカの地域機構としてAUとの協力に力を注いできた。[31]2008年4月に提出された国連・地域機構協力に関する事務総長報告書においても，国連・アフリカ連合協力の重要性が改めて強調されている。この事務総長報告書は極めて包括的なものであり，国際社会による平和活動が選択的かつ偏向的なものとなっている点を指摘するとともに，より計画的で一貫性があり信頼性の高い活動の必要性を主張している。[32]また，事務総長は安保理に対し国連憲章第8章における地域機構とそれ以外の機構の区別を明確化するよう改めて提言した。地域機構の概念的な側面について定義付けを行うことは，国連と地域機構およびその他の国際機構との法的関係における不明確さを解消していく上でも有意義であ

ると考えられる。しかしながら国連・地域機構関係に関して法的な明確化を志向した事務総長の提案は，安保理内での政治力学に鑑みて実現困難であることは否めなかった。安保理は国連憲章第8章の文脈において地域機構との協力を進めていく可能性を排除はしなかったものの，常任理事国の現状に大きな変化につながるような改変に臨む意思を示すことはなかった。[33]

　2010年1月，潘事務総長は地域機構との非公式ハイレベル会合を主催し，「危機の時代における協力」のテーマの下で，平和維持活動および紛争予防，危機管理問題などにおける国連・地域機構間の協力の深化について12の地域機構およびその他の国際機構の代表者との議論を行った。[34] 2日間にわたる非公式会合において，参加者が各々の地域における問題についてより非公式な形で議論できる場も設けられた。この会合で事務総長が国連憲章第8章との整合性を促進する必要性を強調したことは，第8章の枠組みにおける国連・地域機構協力を進めていく上で大きな意義をもつ。すなわち，これまでに国連と地域機構との協力が行われた場合でも，地域機構は国連憲章第8章54条に定められた安全保障理事会への事前の通報義務を常に厳密に果たしていたとは言えず，また，安保理もそれに関して批判的姿勢を示すことはなく，地域機構の行動を事後に「歓迎」する意思を示すにとどまってきたが，事務総長の主張は，そのような現下の曖昧な協力体制から脱し，国連憲章に合致した，法的に明確なものとする必要性を示唆したからである。

(3)　国連安全保障理事会・地域機構関係

　他方，安全保障理事会もまた，紛争予防，紛争解決，平和構築などを含む平和活動の各分野において確立されつつある国連・地域機構間の協働体制を更に促進することを目指し，2003年以降，地域機構との年次会議を招集してきた。[35] 同年の2回にわたる安全保障理事会セッションにおいて，テロリズムおよび武器拡散など国際安全保障上の新たな脅威への対処における地域機関との相互協力の重要性は既に議題に上っていた。[36] 2005年に開催された地域機構との合同会議後，安保理は地域機構とその機能に関する初の決議を採択した。この決議は，平和と安全保障に関わる問題に対処するにあたり，安保理が国連・地域機関間の連携を強化する意思を確認するとともに，国連事務総長に対し，両機関の協

力を可能とする機会,その期待されうる成果および直面する課題などに関する報告書を安全保障理事会に提出するよう求めた。[37]

2006年9月,国連安保理と地域機関との閣僚レベル会議が初めて開催された。安保理議長は「地域・グローバル安全保障メカニズム」を確立することを提案し,地域機構と国連事務局との協力関係を強化することを目的として,地域機関との議論を行った。その際,NATOを始めとする地域組織として自己規定していない機関の参加を促すため,招待機関に「政府間組織」の語を加えることが提案された。2006年の会議に先立って提出された事務総長報告書において,国連・地域機構それぞれの能力に鑑みた比較優位分野を反映した明確な役割分担に基づき,地域機関とのより効果的なパートナーシップを確立するための条件が整いつつあるとの認識が示されるとともに,平和維持活動が直面する課題を満たすために,紛争予防,平和創造,平和維持および平和構築におけるパートナーシップを強化することの重要性が改めて強調され,数々の提言がなされた。[38] 事務総長による提言のうち,紛争予防および平和構築に関するものは全会一致の支持を得たが,国連憲章第8章における地域機構とその他の国際機関の識別については合意に至ることはなかった。米州機構,アフリカ連合,アラブ連盟,コモンウェルスなどはこの案に関する賛意を示したが,複数の常任理事国(米国,ロシア,中国),EU,欧州評議会(Council of Europe)はこれまでの非公式で成果主義に基づく実践的なアプローチを維持することを望んだ。すなわち,新たな枠組みの構築や特定の活動様式に限定される可能性を回避し,現状の柔軟かつ実践的な形式を保つことを支持したのである。特にロシアは,NATOなどの国際機構にさらなる正当性が付与される可能性を懸念したことから,国連憲章第8章の地域機構に関するより明確な定義付けに関して懐疑的な姿勢を示した。

(4) 国連・地域機構協力の現状と展望

冷戦終結後,数多くの地域機構および準地域機関が危機管理能力の強化に取り組んできた。これと平行して,危機管理活動における国連・地域機構間の協力体制もまた促進されてきた。地域機構が平和活動における強制執行に対する安全保障理事会からの承認の必要性を尊重する限りにおいて,地域機構の危機

管理能力の向上は，国連にとっても歓迎されるべきものである。地域機構は国連からの正当性の賦与を必要としており，また，国連にとっては地域組織の人的・物的資源はますます重要なものとなってきている。人間の安全保障などをも含むに至った安全保障概念の拡大や「保護する責任[40]」などの新たなドクトリンの登場により，国連の業務はこれまで以上に広範かつ困難なものとなった。ハイレベル会合や安全保障理事会における会合に数多くの地域機構が参加してきたことは，国連・地域機構協力への全般的な関心の高まりを示すものと言えるだろう。

しかしながら，国連・地域機関間の協力メカニズムの発展過程においては，様々な複雑な要素がその障壁となってきた。概念的な問題としては，地域機構に関連する用語の曖昧さの問題（「地域（region）」「機関（agency）」「取極（arrangement）」）がある。また，機構面の問題としては，地域機構および他の政府間機関との間での地域および加盟国の重複（NATOとEUなど）があり，また地域機構の機能および目的の曖昧さやそれらの機能の適用に関する問題などがある。

国連が地域機構との協力において，国連憲章の規定や公式の枠組み合意締結の有無などにこだわらない柔軟なアプローチをとってきたことにより様々な形態や目的の地域機構からの協力を得ることが可能になった側面は否めないが，共同活動における非効率性，首尾一貫性の欠如などを含むいくつかの問題を招いていることも確かである。こうした認識に基づき，これを踏まえて『2005年サミット成果文書』は「国連憲章第8章に従って，国連と地域および準地域機関との間のより強い関係の構築を支持」し，「それぞれの事務局との間の公式化された合意を通じて，また適当であれば，安全保障理事会の作業に地域機関が関与する形で，国連と地域および準地域機関との間の協議および協力を拡張」することが提案された。そのような協議や協力はそれぞれの事務局間における公式協定に基づいて行われるとともに，必要に応じて安全保障理事会の討議に地域機関を招待することも提案された。[41]

安全保障理事会においても同様の主張がなされた。理事会は事務総長に対して，国連と地域機構が安全保障分野での協力において直面する課題と機会に関

する報告書を理事会へ提出するよう求めるとともに，地域機構との枠組み協定締結の可能性を模索するよう提案した。これに応じて提出された事務総長報告書においては，地域機構と国連がそれぞれの機構の比較優位に応じた役割分担に基づいて安全保障理事会との緊密な協力の下でより正式な形態のパートナーシップを構築していくべきである旨が提案されている。しかしながら，報告書におけるキャパシティ・ビルディングの強化の必要性については概ね地域機構からの支持を得たものの，地域機構の地位およびその役割に関する明確化に関しては上述した政治的な問題により，看過されることとなった。また，安全保障に関与している地域機構はその性質および能力の面において一律ではない点も改めて指摘されねばならない。地域機構と国連の関係に関するこうした複雑な状況は，ハイレベル会合において，招待機関がより正確を期するために「地域機構およびその他の政府間機関」とされるようになったことにも如実に示唆されていると言えるだろう。

様々な困難にも関わらず，国連と地域機構は，各々の機構内における議論および双方の協議枠組みを通じ，安全保障におけるより構造的な協力関係の構築とその促進に努めてきた。中でも国連・EU 間の協力枠組みは急速に発展・深化してきたものであると言えよう。これに関する概説・分析を行うことは，今後の EU のグローバルな役割についての理解を深めるにとどまらず，国連と地域機構全般の安全保障における協力を進めていく上での一定のモデルを提示しうるものであるかもしれない。

3　冷戦後安全保障環境における EU

(1)　国連・EU 協力の構造とその発展

欧州共同体（EC, European Community）と国連の連携は，双方の機関が発足して間もない時期のかなり早い段階から開始されてきた。たとえば，欧州石炭鉄鋼共同体（ECSC, European Coal and Steel Community）は1953年には既にILOとの協力協定を締結している。国連・EU 間の公式な協力関係は，1970年10月に EC 加盟 6 カ国によるダビニョン報告書の採択により発足した欧州政治協力

第2章 安全保障における国連・EU協力

資料2-1　EU外交安保政策関連年表（マーストリヒト条約以後）

1992年	2月	マーストリヒト条約調印（第2の柱CFSPの導入へ）
	6月	「ペータースブルグ宣言（WTO臨時閣僚会議）
1994年	1月	NATO首脳会議において，WEUとNATOの合同任務を合意
1997年	6月	アムステルダム条約調印
		共通外交安保政策（CFSP）担当上級代表・欧州理事会事務局長を新設
1998年	12月	「サンマロ宣言」（英仏）欧州の自律的な軍事力の必要性を確認
1999年	9月	欧州安保防衛政策（ESDP）上級代表にソラナ就任
	12月	ヘルシンキ・ヘッドラインゴール策定
2001年	2月	ニース条約調印、WEUを解体しEUに吸収
	9月	9・11テロ発生
2003月	3月	イラク戦争開始
	9月	「危機管理における国連・EU協力に関する共同宣言」採択
	12月	欧州安保戦略（ESS）"A Secure Europe in a Better World"
		「EUと国連──マルチテラリズムの選択──」採択
2004年	5月	EU第5次拡大
	6月	ヘッドラインゴール2010策定，EUバトルグループ（BG）構想合意
		「軍事的危機管理作戦におけるEU―国連協力」（欧州理事会）
	7月	欧州防衛庁（EDA）設置
		欧州近隣諸国政策戦略文書
2005年	7月	安全保障防衛大学設置
2007年	7月	文民・軍事オペレーションセンター設置
	12月	リスボン条約調印、共通安保防衛政策（CSDP）始動
2009年	12月	リスボン条約発効、欧州対外行動局（EEAS）上級代表にアシュトン就任
2010年	12月	EEASが正式に発足
2011年	5月	EUは国連総会における発言権を獲得（国連総会決議）

（EPC, European Political Cooperation）にその起源を持つ。EPCはEC加盟国政府間の外交政策に関する協力枠組みであるが，事務局などを含む機構的枠組みは備えていなかった。[43] EPC発足時においては，ドイツ連邦共和国がまだ国連加盟国ではなかったため，国連内でのEC加盟国間の協力については言及されていなかった。[44] 西ドイツが国連に加盟した翌年の1974年より，ECは国連総会におけるオブザーバーの地位を付与された。[45]

EPCは1993年のマーストリヒト条約においてEU共通外交・安全保障政策（CFSP, Common Foreign Security Policy）として引き継がれ，安全保障に関するより包括的なアジェンダを含むものとなった。EC/EU加盟国はEPCおよび

CFSPを通じて国連の枠組みにおける各々の立場を調整するべく努めてきた。[46] EUが地域機構として果たしてきた独自の政治的発展に加え，その目的や基本的価値の多くを国連と共有していることから，国連とEUは次第に「自然なパートナーシップ」を構築していくことになったのである。[47]

EUは国連との安全保障における協力の当初の段階においては，国連の委託によるCSCE/OSCEの平和維持活動にその焦点を当てていたが，1997年に調印されたアムステルダム条約において，人道支援，平和維持および平和構築活動などに関わる「ペータースベルグ任務」がEUの任務に含まれることとなった結果，EUは国連の平和活動において独自の役割を果たすことを選択するようになった。EUは平和と安全保障における国連の主要な役割に関する強いコミットメントを一貫して示しており，2003年12月に採択された欧州安全保障戦略（ESS, European Security Strategy）においても，「国連の任務遂行および効果的な活動に向けて国連を強化することは，欧州の優先事項である」と明言されている。[48]

EUと国連の体系的な協力関係への具体的な取り組みは，特に2000年以降に促進されてきた。この年の国連総会において，フランス議長国の提案により，危機管理活動における国連・EU間協力に関する国連事務総長とEU諸機関との間で具体的な協議が行われた。[49] その結果，その時点までは国連・地域機構間の隔年のハイレベル会合に限定されていた国連・EU間の協議は，国連事務総長とEU共通外交・安全保障政策上級代表による継続的な連絡体制および対話枠組みへと拡大された。国連・EU間のこれらの対話の成果としては，両機関の間の連絡体制の確立，ハイレベルおよび実務レベルにおける定例会合の開催，紛争予防・危機管理の非軍事的側面および軍事的側面，地域に関わる問題など協力分野に関する合意などが挙げられる。[50]

2001年6月，欧州理事会総務理事会は，紛争予防および危機管理におけるEU・国連協力に関する具体案を提示し，危機管理と紛争予防における協力をさらに発展させ，強化する決意を確認した。[51] また，西バルカン諸国，アフリカ，中東地域などが国連・EU協力において重要な地域とされた。危機管理活動については，EUの非軍事・軍事両面にわたる危機管理能力が国連への「付加価

値」として貢献することの重要性が強調された。また，総務理事会は2001年，国連とEUの相互理解を促すための新たな連絡体制として「協力推進のためのプラットフォーム」を設立した。ハイレベルでの連携としては，前述したように国連事務総長とEU共通外交安全保障政策上級代表との間で協議が行われてきたが，こうした枠組みはさらに拡大され，国連事務総長と共通外交・安全保障政策上級代表による協議，EU閣僚会合への国連事務総長の参加，上級代表および欧州委員会の対外関係担当委員と国連事務次長との会合，政治・安全保障委員会（PSC, Political and Security Committee）と副国連事務次長および事務総長補佐との間の会合および連携などが新たに行われるようになった。また，理事会事務局および欧州委員会と国連事務局との間の実務レベルの協議体制も確立された。すなわち，EUの政策部門は国連の政務局との連携を保ち，EU軍事幕僚部（EUMS, European Union Military Staff）は国連平和維持活動局との連絡・協議を確立した。EUと国連はブリュッセルおよびニューヨークにおける各々の連絡事務局の強化にも着手し，公式レベル・事務レベルの双方で両機関の事務局間での定期的な連絡体制が確立された。また，2002年4月以降，国連事務次長はブリュッセルでの年次定例会合に出席している。

　国連・EU間の協力関係は，2003年に締結された文民活動・軍事活動の双方を含む「危機管理における国連・EU協力に関する共同宣言」によりさらに体系化されることとなった。同年にはボスニアにおいてEUのミッションが国連警察ミッションを引き継ぎ，コンゴでは国連の平和活動に対する支援要請に対して迅速に対応するなど，両機関の協力は概ね円滑であったが，この宣言はそれらの成功に鑑みて，国連・EU間の協力関係をさらに深め，両機関の間で対話の機運を高めることを目的としていた。機構的側面については，EU・国連危機管理運営委員会が主導する合同協議メカニズムが設立された。この委員会は，欧州理事会事務局と国連平和維持活動局の共同運営によるもので，UNDP，国連人道問題調整部（OCHA, United Nations Office for the Coordination of Humanitarian Affairs）と欧州委員会人道援助局（ECHO, Humanitarian Aid and Civil Protection department of the European Commission）などを含む国連およびEUの種々の機構も参加しており，国連およびEUの危機管理における包括的

なアプローチを反映したものとなっている。この委員会は，相互の活動の調整およびそれらの整合性を高めるための手段と方法を検討することを目的としており，ニューヨークおよびブリュッセルで年2回開催されている。

国連・EU 協力の必要性およびその意義は，EU の様々な公式文書を通じても繰り返し強調されている。2004年6月，欧州理事会は，軍事的な危機管理に対処するための「軍事的危機管理活動における EU・国連協力——EU・国連共同宣言の実施に関する要件——」を採択した。そこでは国連の危機管理活動への EU による支援に関して，2つのモデルが提唱された。すなわち，国連がその平和活動を設立するまでの時間的猶予を確保し，橋渡しの役割を担うために EU の部隊を派遣する「ブリッジ・モデル」，EU の部隊が国連の平和活動と並行して展開して国連を支援する役割を演じる「スタンドバイ・モデル」と呼ばれる2つの EU 部隊派遣形態である。

また，EU の文民危機管理機能の向上に関しても同様に，国連と EU との協力の深化という文脈に基づいた決議が2004年12月に欧州理事会において採択された。そこでは国連・EU 協力を通じた危機管理活動の効率を向上させるためには，EU 内における情報交換の強化が必要である旨が指摘されている。文民による危機管理活動における実務上の協力については，EU による協力の形態として，①国連の関与に先立って EU から専門家を迅速に派遣し，現地の危機状況を適切に評価・監視する，②国連の枠組み内での危機管理活動，③国連による危機管理活動の展開前および撤退後を通じた活動，④国連部隊と並行して同時に行われる活動，の4つの可能性を具体的に提示している。また，この決議文書は，国連が危機管理活動において EU との協力を促進することにより，EU からの多大な人的・資金的貢献が得られるという国連側の利点を強調する一方で，EU 側の利点として，国連との協力によって国際社会におけるその存在感を高めることができる点を挙げ，文民による危機管理活動における国連・EU 協力を促進することは両機関を利するものであると結論付けた。

(2) 危機管理における EU-UN 協力

EU は国連における加盟国間の協調と一致を目指してきたが，自らを厳密な意味での国連憲章第8章型の地域機構として自己規定していない。EU は安全

第 2 章　安全保障における国連・EU 協力

保障における国連との協力体制を他の地域機構に比しても精力的に進化させてきており，将来的にもより効果的な協力関係を築いていくと考えられているものの，国連・地域機構間に開催された一連の会合においては「地域的取極」としてではなく，「その他の国際機関」として出席してきた。EU の姿勢は，国連と地域機構およびその他の国際機構間の第 7 回ハイレベル会合における EU 代表の以下のような発言に端的に示されていると言えるだろう。

>「EU は効果的な多国間主義を強化していく上で，国連および適切な地域機構との協力の発展を支持する。しかしながら我々は，国連・EU 協力においても，国連と地域機構及びその他の機関をも含むより広範な協力体制においても，各々の活動に適応した実際的なアプローチの重要性を強く主張する。」[60]

国連憲章における EU の地位に関するそのような状況にも関わらず，安全保障における国連と EU の構造的な協力体制は，2000 年に両者の間に正式な連絡体制が確立して以来，着実に深化・発展してきた。現在では，国連と EU は，政治レベル・作業レベルで行われる定期協議において密接な接触を保っている[61]。また，国連と EU の間には緊密な構造的連携体制も確立されてきた。たとえば EUMS は連絡将校を国連に常駐させている[62]。こうした緊密な連絡体制の確立により，平和活動における国連と EU の協力はより効果的に行われるようになった。これは，両者間の積極的な情報の共有により，人的・物的資源の重複が回避され，迅速な対応に繋がるのみならず，訓練や計画段階をも含めた平和活動全般におけるより広範で具体的な協力が進むことによる[63]。また，そのような緊密な構造的協力体制を通じて，両機関が過去の活動から得た教訓を共有できる点も重要である[64]。

しかしながら，危機管理における国連・EU 協力においては，解決されるべき問題および不確実要素も残っている。国連・EU 協力は急速に発展してはきたものの，増加の一途をたどる国連による危機管理活動の需要を満たし，その責任を充分に満たすために国連が目指してきた高いレベルでの戦略的な国連・地域機構間の協力体制からは依然として程遠いと言わざるをえない。これまでのところ，国連と EU の関係は，双方の組織における安全保障アジェンダの違いに由来する不均衡によって特徴づけられる。国連は EU を含む国連と地域機

関との間の補完的協力を志向し、その重要性および有用性を主張してきたが、EUは意思決定における自律性を維持すべく、より柔軟なケース・バイ・ケースの対応を志向する傾向が見られる。平和活動の期間および協力分野に関する決定は概ねEUの意向に基づいており、国連主導の平和維持活動への支援を目的とするEU軍の緊急展開については、EUはそれほど積極的な姿勢を示しているとは言えない。また、EU加盟国の中にはその軍事力を国連の全般的な指示および指揮の下に置くことに消極的な国もある。結果として、両者の関係はこれまで主に「国連が要求するものとEUが提供する意思があるもの」との間の軋轢によって多かれ少なかれ規定されてきた側面があることは否めない。

　以上はEUおよびその加盟国による国連平和維持活動へのコミットメントに関する問題だが、今後、問題となりうる要素はこれにとどまらない。第1の点は、EUのCSDPに関与する多種多様にわたるアクターに関するものである。リスボン条約はEUが「国連の原則に従い、平和維持、紛争予防および国際安全保障を強化する」ためにその機構を将来にわたって活用する意志を明示しているが、国連やその他の国際機関との協力関係において直面している問題に関する有効な対処は示されていない。新設された「平和構築・紛争予防・調停ユニット」においても、十分な人的資源を供給されていないため、EUが国連を含む他の組織に提供する資金の使途に関する効果的な監視体制や外部アクターとの協力を促進する上で支障が出る懸念が指摘されている。同様に、外務・安全保障政策上級代表および欧州対外活動局（EEAS, European External Action Service）などの新設されたポストや機構についても、その目的や活動を定義する戦略的な視点が欠如しているように思われる。このような概念的基礎の欠如は、EU機構内の分裂や機構の非効率性をさらに悪化させることにもつながる。理論上は、2009年のリスボン条約発効以後には、上級代表およびEEASといった新たな機関を通じた一貫した対外政策の形成が行われ、EUは国連の「より良いパートナー」として貢献することが可能となったはずだが、現状では、それらの新設の機関がEUの対外政策を一貫して担う中心的な機関として機能するに至っている訳ではない。すなわち、安全保障に関わるこれら諸機関の設置それ自体がEUの危機管理能力の向上を意味するものではなく、それらの機関

第2章　安全保障における国連・EU協力

が概念的な基準を欠いていることにより，むしろ有効な政策形成の上で必要とされる一貫性を損なうことになる潜在的な可能性もある。国連・EU間の機構的関係の構築とともに，EU内部での調整もまた極めて困難であり，そのような状況はリスボン条約発効後のEUにおいても大きく改善されたとは言えず，今後とも地域機構としてのEUが直面し続けざるをえない問題であろう。

　第2の問題は，EUを国連憲章第8章の文脈における地域機構，すなわち地域紛争を解決する主体としての機構として見なすことができるのか，あるいはどの程度までそのようにみなすことができるのか，という点である。前述したように，国連憲章は第8章が対象とする地域機構についてその明確な定義を提示していないため，各々の地域機構はその自由意志に基づいて自らを国連憲章第8章の地域機構と規定することができる。国連が1990年代初期のユーゴスラビアの紛争解決に関する決議文書においてECを国連憲章第8章下で行動する地域機構として言及した事例もあるが，EUは安全保障に関わる問題においてその自主性を維持する姿勢を崩しておらず，国連およびその他の機関との協力においては，各々の活動に基づいてこれを行っていく旨を明言している。EUが国連との協力に基づいて安全保障におけるより効果的な役割を果たすためには国連憲章第8章の地域機構としての地位を確保すべきであるとする議論も少なくないが，本章でのこれまでの議論に見てきたEUの機構内外における政治的な問題に鑑みて，EUの地位に関するそのような大きな変化が予見しうる近い将来において起こることは期待できないと言ってよいであろう。もっとも，実践面においては，EUはすでに「地方的紛争を安全保障理事会に付託する前にこの地域的取極または地域的機関によってこの紛争を平和的に解決するようにあらゆる努力（国連憲章第8章52条）」をしてきたことは確かであり，実際に国連憲章第8章の機構として問題となりうるのは，安全保障に関わる地域機構の全ての活動に関する安保理への通報義務を定めた54条に関する点であるかもしれない。現状の枠組みにおいては，EUはその内部にそうした機能を果たすための体制を備えていない。EUの安全保障に関わる政策は主にEU非加盟国による平和の侵害あるいは非加盟国の域内における平和への危機に対処することを目的としており，加盟国間の紛争解決をその主要な目的としている他の地

35

域機構とは際立った違いを示している。国連憲章第8章との関連では，いかなる場合にEUによる活動を強制活動と見なすべきかという問題がある。通常，安全保障に関わるEUの活動においては，文民活動および軍事活動の双方を含むペータースベルク任務が同時並行かつ相互に関連して行われており，異なった種類の活動の間で明確な区別が行われている訳ではないのが現状である。こうした状況に鑑みても，EUが平和活動に関与する際には，国連憲章54条の文脈に基づいて継続的な対話を行う必要があることを示唆していると言えるだろう。

これに関連して，EUの活動への国連からの委任の必要性に関する問題がある。国連はその平和活動において国連憲章第8章下における取り決めを通じて地域機構の関与を求めることができる。地域機構は紛争の平和的解決に関しては安全保障理事会への事前通報を経た上で独自の役割を担うことができるが，強制行動に関しては安保理の承認を必要とする。EUは国連憲章第8章の条項に従うべき地域機構として自己規定していないため，その活動において安保理の委任・承認が必要かどうかは明確ではない。したがって「EU戦闘群」は国連の要請に答える目的で発足したという背景があるにもかかわらず，EUそれ自体はCSDPの活動を正当化する根拠として国連憲章第8章に言及した事例はない。これまでの事例においてEUは，強制行動が含まれる活動および欧州外での活動に関しては国連の委任を求めてきた。しかしながら，今後のEUの活動がこれら以外の分野・地域で行われる場合にEUが国連の委任を求めることになるかどうかは疑問が残る[73]。

以上に述べたような幾つかの不明確な点があることを考慮すると，EUの国連憲章第8章における地域機構としての地位に関する問題については，今のところ，最終的な結論を出す段階ではないと思われる。EUは既に充分に積極的に国連の活動を支援してきたが，加盟国間の安全保障に関するメカニズムを備えていない点は国連憲章第8章の地域機構としてはそぐわない点であると言えるだろう。しかしながら，近年のEUの活動事例が示すように，EUが新たな役割を獲得しつつあることは確かであり，これは「国連憲章の目的と原則に基づいて平和維持，紛争予防，国際安全保障の強化に取り組む」ことを明確にし

たEUの基本原則とともに大きな意義をもつと考えられる。

　この文脈においては，2011年5月の国連総会決議において，国連でのEUの地位強化に関して行われた決議は重要な含意をもつ。この決議によってEUは国連総会の議論におけるEUとしての発言権とともに，総会への議論草案や修正案の提出権，文書の回覧権などの権利を得た。国連においてそのような「強化された地位（enhanced status）」を得たことにより，EUは国連の活動への支援において，より一貫性のある態度でこれを行うことができるようになるものと期待されている。また，この決議において，将来的に他の地域機構が国連に対して同様の権利を求める可能性が示唆されている点も重要である。EUは他の国際機関との連携に基づく安全保障構造に効果的に適応しており，今後の安全保障環境における複雑な問題に対処するにあたり，全般的な国連・地域機構協力の文脈において，独自の地域機構としての機能と形態を提示する可能性をより一層高めたと言えよう。

4　おわりに

　安全保障における国連とEUとの協力については，その効率や意義などを含め，検討されるべき課題が多く残っているとはいえ，両機関は全般的な国連・地域機構協力における肯定的な事例と言えるものであり，今後とも促進されていくべきであろう。国連とEUは，新たな安全保障環境に適応するための機構変革を精力的に進めてきた。それと同時に両機構は相互の協力促進に努め，当初のアドホックな対話枠組みから現在の構造的な協力関係の構築まで着実に歩を進めてきた。EUは他の地域機構と比しても国連と質量ともに安全保障における深い関係を結んできており，これはEUが国連憲章第8章における地域機構として自己規定していないことに鑑みれば，画期的なことであろう。EUは国連と多くの基本的価値観や目的を共有しており，また，それらを達成するための資金的・人的資源を有している点など，国連および他の地域機構をも含めた国際機構間の安全保障協力への適性を備えており，複雑化する安全保障環境において地域機構として重要な役割を果たす可能性と能力を備えている。リス

ボン条約においても，EUは国連憲章の原則を尊重するにとどまらず，国連における多国間枠組みを通じた問題の解決を推進するべきであると改めて明言されている点は特筆すべきである。国連システムにおいてEUの重要性がますます高まっている現在，EUは今後の国連・地域機構間の協力を促進する旗手となることができよう。

本章での議論で見てきたように，国連とEUは両機関の安全保障における能力の相互補完性に基づきつつ，多国間枠組みを通じた安全保障の実現を一貫して目指してきた。今後の国連・EU協力の促進においては，これまで以上に複雑化していく安全保障環境における多種多様な問題に対し，いかにして各々の能力および資源を有効に活用していくかが重要な要素であることは間違いない。しかしながら，国連およびEUの双方にとってより困難な問題となりうるのは，各々の機構内における調整の障壁となる加盟国間の見解や利害などの相克であり続けることもまた確かである。この点は，他の全ての地域機構も常に直面せざるをえない問題であろう。

【注】
1 本章では国連憲章における「地域的取極」と「地域的組織」の双方を含む用語として「地域機構」を用いるものとする。
2 国連の定義によれば，平和活動（Peace operation）は，紛争予防（conflict prevention），平和創造（peacemaking），平和維持（peacekeeping），平和構築（peace-building）からなる包括的な危機管理活動である。UN Doc. A/55/305-S/2000/809, *Report of the Panel on United Nations Peace Operations* (21 August 2000), para.10.
3 Ramesh Thakur and Luk Van Langenhove, 'Enhancing Global Governance through Regional Integration', *Global Governance: A Review of Multilateralism and International Organisations*, vol.12, no.3 (2006), pp. 233-240.
4 UN Doc. A/55/305-S/2000/809, Report of the Panel on United Nations Peace Operations (21 August 2000).
5 UN Doc. A/47/277-S/24111, *An agenda for peace: preventive diplomacy, peacemaking and peace-keeping* (17 June 1992).
6 特に以下を参照。A/RES/49/57, *Declaration on the enhancement of Cooperation between the UN and Regional Arrangements or Agencies in the Maintenance of International Peace and Security* (9 December 1994); S/1995/1, Supplement to the Agenda for Peace (25 January 1995); A/RES/49/57, *Declaration on the Enhancement of Cooperation between the United Nations and Regional Arrangements or Agencies in the*

Maintenance of International Peace and Security (17 February 1995); A/50/571, *Report on Sharing Responsibilities in Peace-Keeping: The UN and Regional Organizations, Joint Inspection Unit*, (17 October 1995); S/RES/1631, *Cooperation between the United Nations and regional organizations in maintaining international peace and security* (17 October 2005), which was the first Security Council resolution on UN-Regional organisations cooperation; A/61/204, S/2006/590, *A Regional-Global Security Partnership: Challenges and Opportunities: Report of the Secretary-General (28 July 2006)*; S/2008/186, *Report of the Secretary-General on the relationship between the UN and regional organizations, in particular the African Union, in the maintenance of international peace and security* (7 April 2008).

7 EU加盟国は1999年12月ヘルシンキ欧州理事会において，危機管理に関する能力強化の一環として，2003年終盤までに達成すべき目標を規定したヘルシンキ目標（Helsinki Headline Goal）に調印するとともに，ペータースベルク任務を実行するための軍事能力のリスト（Helsinki Force Catalogue）の作成にも合意した。2004年5月には新たなターゲットとして，Headline Goal 2010が承認された。

8 「効果的な多国間主義（effective multilateralism）」は2003年に欧州理事会によって取りまとめられた「欧州安全保障戦略（ESS）」における中心的な概念であり，EUのグローバルな役割における国連の活動およびその原則を重視する旨が明記されている。*A Secure Europe in a Better World: European Security Strategy* (12 December 2003).

9 Joint Declaration on UN-EU Cooperation in Crisis Management (New York, 24 September 2003).

10 国連憲章第8章の法的含意およびその重要性については，以下における議論を参照。Bruno Simma (ed.), *The Charter of the United Nations: A Commentary* (Oxford: Oxford University Press, 1995); Ademola Abass, *Regional Organizations and the Development of Collective Security: Beyond Chapter VIII of the UN Charter* (Oxford and Portland OR: Hart Publishing, 2004); Leland M. Googrish, 'Regionalism and the United Nations', *Proceedings of the Academy of Political Science. The United States and the Atlantic Community*, Vol. 23, No. 3 (May 1949), pp. 47–56; Norman J. Padelford, 'Regional Organizations and the United Nations', *International Organization*, Vol. 8, No. 2 (May 1954), pp. 203–216; Gerhard Bebr, 'Regional Organizations: a United Nations Problem', *The American Journal of International Law*, Vol. 49, No. 2 (April 1955), pp. 166–184; Asbjorn Eide, 'Peacekeeping and Enforcement by Regional Organizations: Its Place in the United Nations System', *Journal of Peace Research*, Vol. 3, No. 2 (1966), pp. 125–145; R. A. Akindele, *The Organization and Promotion of World Peace: A Study of Universal-regional Relationships* (Toronto: University of Toronto Press, 1976); Kennedy Graham and Tania Felicio, *Regional Security and Global Governance* (Brussels, VUB University Press, 2006).

11 Ernst B. Haas, *Why We Still Need the United Nations* (Berkeley: Institute of International Studies, University of California, 1986), pp. 29–34.

12 UN Doc. A/47/277-S/24111, *An Agenda for Peace* (17 June 1992).

13 UN Doc. S/1995/1, *Supplement to the Agenda for Peace* (25 January 1995).
14 たとえば以下を参照。A/61/204, S/2006/590, *A Regional-Global Security Partnership: Challenges and Opportunities: Report of the Secretary-General* (28 July 2006).
15 国連創設時の1945年に地域機構として存在していたのは，米州機構（OAS）およびアラブ諸国連盟（LAS）のみであった。
16 AU Protocol, Article 17 (2).
17 UN Doc. A/RES/48/21, *Cooperation between the United Nations and the League of Arab States* (22 November 1993).
18 1992年CSCEヘルシンキ・サミットにおいて，参加国首脳は，CSCEが国連憲章第8章における地域的取極である旨，宣言した。*CSCE Helsinki Summit Document 1992: Challenges of Change* (9 July 1992).
19 1994年2月CIS議長はCISに対して国連におけるオブザーバーの地位を与えるよう，国連事務総長に正式に要請した。また翌月にはCISはEUやCSCEなどと並ぶ「地域的組織（regional structure）」として認識するよう求めた。Roy Allison, 'Peacekeeping in Soviet Successor States', *Chaillot Paper* 18 (Paris: WEU Institute for Security Studies, February 1994).
20 NATO条約は国連憲章第8章について言及していない。NATOは国連憲章51条の文脈における集団安全保障機構として理解されている。近年NATOが国連の枠組み内に於けるものをも含めた平和活動に関与してきたことはNATOが本来の軍事同盟としての性質から活動を拡大しつつあることを示唆するが，NATOはそのような活動はあくまでも「ケース・バイ・ケースで」行う旨を明言している。
21 *An Agenda for Peace* (1992). 地域的取極の概念的側面についておよび安全保障理事会との関係については 以下を参照。E. de Wet, 'The Relationship between the Security Council and Regional Organizations during Enforcement Action under Chapter VIII of the United Nations Charter' (2002), *Nordic Journal of International Law* 1-37; Th. J. W. Sneek, 'The OSCE in the New Europe: From Process to Regional Arrangement' (1994) *Indiana International & Comparative Law Review*, pp.1-73.
22 1994年の第1回ハイレベル会合に参加した地域機構および他の国際機構の総数は10機関であったが，2006年の第7回会合においては，以下の23機構の参加を見た。東南アジア諸国連合（ASEAN），アフリカ連合（AU），カリブ共同体，独立国家共同体（CIS），欧州評議会（Council of Europe），コモンウェルス，ポルトガル語諸国共同体，集団安全保障条約機構（CSTO），中部アフリカ諸国経済共同体（ECCAS）；西アフリカ経済共同体（ECOWAS），欧州連合（EU），政府間開発機構，国際刑事警察機構（ICPO），アラブ連盟，北大西洋条約機構（NATO），米州機構（OAS），イスラム諸国会議機構（OIC），フランコフォニー国際機関，化学兵器禁止機構（OPCW），欧州安全保障協力機構（OSCE），太平洋諸島フォーラム（PIF），南部アフリカ開発共同体（SADC），上海協力機構（SCO）。UN Press Release, Note No.6032 (18 September 2006). 1994年第1回会合から2005年第6回会合までの会合参加国リストについては以下を参照。Kennedy Graham and Tania Felicio, *Regional Security and Global Governance* (Brussels: Brussels University Press, 2006), p. 69.

第 2 章　安全保障における国連・EU 協力

23　UN Press Release, SG/SM/6658 (29 July 1998).
24　UN Press Release, SG 2083 (28 July 2003).
25　UN Doc. A/60/341-S/2005/567 *Report of the Secretary-General on the work of the Organization* (8 September 2005), p.7.
26　UN Doc. A/59/565, *A more secure world: Our shared responsibility* (2 December 2004).
27　UN Doc. A/59/2005, *In larger freedom* (21 March 2005).
28　UN Press Release, PI/1668 (21 July 2005).
29　"Annan stresses 'multilateralism and joint action' at meeting on UN-regional cooperation", UN News Centre (22 September 2006).
30　UN Daily News, DH/4738, p.13 (22 September 2006).
31　UN Doc. A/63/666-S/2008/813. 以下を参照。Edith Driekens, 'Beyond Chapter VIII: Limits and Opportunities for Regional Representation at the UN Security Council', *International Organizations Law Review*, 7(2010), pp. 149-169.
32　UN Doc. S/2008/186, *Report of the Secretary-General on the relationship between the United Nations and regional organizations, in particular the African Union, in the maintenance of international peace and security* (7 April 2008).
33　UN Doc. S/RES/1809 (16 April 2008).
34　この会合に参加したのは以下の機構からの代表者である。アフリカ連合（AU），カリブ共同体，西アフリカ諸国経済共同体（ECOWAS），欧州委員会，政府間開発機構（IGAD），アラブ連盟（LAS），北大西洋条約機構（NATO），米州機構（OAS），イスラム諸国会議機構（OIC），欧州安全保障協力機構（OSCE），太平洋島嶼国会議（PIF），南アジア地域協力連合（SAARC），南部アフリカ開発共同体（SADC），上海協力機構（SCO）。
35　安全保障理事会と地域機構による国連・地域機構協力に関する議論の概要については以下を参照。UN Docs. S/2003/506 (25 April 2003); S/PRST/2004/27 (20 July 2004); S/RES/1631 (17 October 2005); S/2006/757 (21 September 2006).
36　UN Docs., S/RES/1456, *High-level meeting of Security Council combating terrorism* (20 January 2003), para.8; S/RES/1467, *Proliferation of small arms and light weapons and mercenary activities* (18 March 2003).
37　UN Doc. S/RES/1631, *Cooperation between the United Nations and regional organizations in maintaining international peace and security* (17 October 2005).
38　UN Doc. A/61/204?S/2006/590, *A regional-global security partnership: challenges and opportunities, Report of the Secretary-General* (28 July 2006).
39　1994年の UNDP 報告書は，人間の安全保障を構成するものとして，以下の7要素を挙げている。経済安全保障，食料安全保障，健康に関する安全保障，環境安全保障，個人の安全保障，共同体の安全保障，政治的安全保障。United Nations Development Programme (UNDP), Human Development Report 1994 (Oxford: Oxford University Press, 1994), pp. 24-25. また，以下を参照。Commission on Human Security, Human Security Now (New York: Commission on Human Security, 2003).
40　特に以下を参照。International Commission on Intervention and State Sovereignty,

The Responsibility to Protect: Report of the International Commission on Intervention and State Sovereignty (Ottawa: International Development Research Centre, December 2001). Ramesh Thakur, *The United Nations, Peace and Security: From Collective Security to the Responsibility to Protect* (Cambridge: Cambridge University Press, 2006), especially at pp. 250-257.

41 UN Doc. A/RES/60/1, *2005 World Summit Outcome* (24 October 2005), para.170.

42 UN Doc. A/61/204?S/2006/590, *A regional-global security partnership: challenges and opportunities, Report of the Secretary-General* (28 July 2006).

43 Elfriede Regelsberger, Philippe De Schoutheete, and Wolfgang Wessels (eds.), *Foreign Policy of the European Union: From EPC to CFSP and Beyond* (London: Lynne Rienner, 1997).

44 Paul Luif, *EU Cohesion in the UN General Assembly*, ESSI Occasional Papers, No. 49 (European Union Institute for Security Studies (ESSI), 2003), p. 9.

45 UN Doc. A/RES/3208 (XXIX), *Status of the European Economic Community in the General Assembly* (11 October 1974). EC/EPCと国連の関係については 以下を参照。Peter Bruckner, 'The European Community and the United Nations'. *European Journal of International Law* (1990), pp. 174-192.

46 EC/EU加盟国間の国連総会およびその他の国連機関における調整については，以下を参照。Philippe Adriaenssens, 'Rapprochement between the EU and the UN: history and balance of intersecting political cultures', *European Foreign Affairs Review* (vol.13, 2008), pp. 53-72.

47 European Commission, 'Summary: January 30, 2004: Visit of United nations Secretary General Kofi Annan to Brussels and the EU institutions (New York)', EC04-013EN (30 January 2004).

48 European Union, *A Secure Europe in a Better World: European Security Strategy* (12 December 2003).

49 55th Session of the United Nations General Assembly, Statement by H.E. Mr Hubert Vedrine, Minister of Foreign Affairs of France, President of the Council of the European Union (New York, 12 September 2000).

50 Thierry Tardy, 'Limits and Opportunities of UN-EU Relations in Peace Operations: Implications for DPKO, External Study for United Nations Peacekeeping', External Study for United Nations Peacekeeping (September 2003).

51 Council of European Union, Draft Council conclusions on EU-UN cooperation in conflict prevention and crisis management, 9528/2/01 REV 2 (Brussels, 7 June 2001), later approved by the European Council.

52 *Ibid.*

53 Council of European Union, *Joint Declaration on UN-EU Co-operation in Crisis Management* (Brussels, 24 September 2003).

54 EUと国連のボスニアおよびコソボにおける役割については以下を参照。Jan Wouters and Frederik Naert, 'How Effective is the European Security Architecture? Lessons

from Bosnia and Kosovo', *International & Comparative Law Quarterly*, vol.50 (2001), pp. 540-576.
55 Jan Wouters and Tom Ruys, 'UN-EU Crisis management: Partnership or Rhetoric?', pp. 215-232, in pp. 220-221, in Steven Blockmans (ed.), *The European Union and Crisis Management: Policy and Legal Aspects* (The Hague: Asser Press, 2008).
56 *Joint Declaration on UN-EU Co-operation in Crisis Management*, p. 1. para. 3.
57 European Council, *EU-UN Cooperation in Military Crisis Management Operations: Elements of Implementation of the EU-UN Joint Declaration* (18 June 2004).
58 European Council, Annex IV of the Presidency report, Doc. 16062/04 (13 December 2004).
59 *Ibid*.
60 Statement on behalf of the European Union, by H.E. Mr. Erkki Tuomioja, Minister for Foreign Affairs of Finland, Seventh High-Level Meeting between the United Nations and Regional and other Intergovernmental Organisations (New York, 22 September 2006).
61 European Council General Secretariat, *Exchange of EU Classified Information (EUCI) with Third Countries and Organizations* (23 March 2007), Doc. 7778/07, 7.
62 Action Plan for Civilian Aspects of EDSP, 2004, para. 19.
63 Wouters and Ruys, 'UN-EU Crisis management' (2008), p. 226.
64 Thierry tardy, *Limits and Opportunities of UN-EU Relations in Peace Operations: Implications for DPKO, External Study for United Nations Peacekeeping* (2003), p. 13.
65 Browningは冷戦後の欧州においてEUが地域の安全保障における責任を果たそうとしてきたと同時に、国益主導の権力政治によって行動してきたことにより今後の地域安全保障に否定的な影響を与える可能性がある点を指摘している。Christopher S. Browning, 'The EU as a foreign policy actor: The Limitations of territorial sovereignty', in Stefano Guzzini and Dietrich Jung (eds.), *Contemporary Security Analysis and Copenhagen Peace Research* (London: Routledge, 2004), pp. 167-179.
66 Tardy, 'EU-UN Cooperation in Peacekeeping' (2005), p. 49.
67 The Lisbon Treaty, Article 42. 1.
68 European Peacebuilding Liaison Office (EPLO), *Conflict prevention and peacebuilding inside the EEAS* (February 2011).
69 European Union, *EU HR Ashton addresses UN Security Council on cooperation between the UN and regional and subregional organizations*, Ref: EUUN11-007EN (New York, 8 February 2011).
70 UN Docs. S/RES/713 (25 September 1991); S/RES/727 (8 January 1992).
71 Statement on behalf of the European Union, by H.E. Mr. Erkki Tuomioja, Minister for Foreign Affairs of Finland, Seventh High-Level Meeting between the United Nations and Regional and other Intergovernmental Organisations (New York, 22 September 2006).
72 Ramses A. Wessel, 'The State of Affairs in EU Security and Defence Policy', *Journal*

of Conflict & Security Law, vol. 8, no. 2 (2003), p. 281; ND White, 'The EU as Regional Security Actor within the International Legal Order', in M Trybus and ND White (eds.), *European Security Law* (Oxford, Oxford University Press, 2007), pp. 329-49; Steven Blockmans and Ramses A Wessel, 'The European Union and Peaceful. Settlement of Disputes in its Neighbourhood: the Emergence of a New. Regional Security Actor?', *The European Union and Global Emergencies : A Law and Policy Analysis. Modern Studies in European Law* (26). (Hart Publishing, 2011), p. 81.

73　Tardy, *Limits and Opportunities of UN-EU Relations in Peace Operations* (2003), p. 10.

74　UN Doc. A/RES/65/276, *Participation of the European Union in the work of the United Nations* (10 May 2011).

75　European Union, A 172/11, *Statement by the High Representative, Catherine Ashton, on the adoption of the UN General Assembly Resolution on the EU's participation in the work of the UN* (Brussels, 3 May 2011).

76　2004年アイルランドEU議長国は国連安全保障理事会における国連平和維持活動に関する公開討議において，「我々は国連の安全保障局（DPKO）が地域機構及び下部地域のパートナーとの間で特に作業レベルにおける連携を深め，こうした協力の意義を明らかにするとともにこれを実行に移すための実際的な手段を模索することを期待する」と述べた。EU Presidency Statement - United Nations Peacekeeping Operations (17 May 2004).

第3章　EU の通商政策

Sieglinde Gstöhl
(浦川紘子　翻訳)

1　はじめに

　EU は世界最大の貿易主体である。そして，EU の共通通商政策（Common Commercial Policy）は，EU の政策の中でも，最も早い段階に成立し，最も統合が進んだ共通政策の1つである。本章ではまず，その共通通商政策の発展過程を概説する。その方法として，ローマ条約からリスボン条約までの，法的権能が拡大したプロセスの主要な出来事を簡潔に追っていく。次いで，EU 通商政策の到達目的と，関係する主要なアクターを紹介する。これらのアクターは，3類型の意思決定方式を通じて，相互に影響を及ぼしている。3類型とは，EU が二国間または多数国間通商協定の交渉を行う場合，EU が共通通商政策を履行する場合，EU が片務的通商政策措置を適用する場合である。最後に，本章では，リスボン条約によってさらに強化された対外行動の目標である政策の一体性に関して，EU 通商政策が直面している課題についての問題提起を行う。

2　共通通商政策の発展過程

　共通通商政策は，加盟国が初めて欧州経済共同体（EEC, European Economic Community）に排他的権能を与えた分野の1つである。EEC の原加盟国6カ国が締約国である GATT は，関税同盟に，対外共通関税と非加盟国に対するそ

の他の共通規定を持つことを要請している（GATT24条）。共通市場を確立するというさらなる目的のため，関税同盟を設立するという決定が行われたことが，共通通商政策の淵源である。共同体内の関税撤廃と，共通関税の設定は1968年7月までに完了した。

　しかしながら，本当の意味での単一通商政策の進展は，ある難題に直面した。輸入規制の長いリストが，個々の加盟国の中で存続していたのである。1970年代と1980年代の経済情勢は，2度の石油危機，固定相場制の崩壊，インフレと失業の増加，日本のような新たな競争相手の登場を経験した時代であり，ヨーロッパでは，保護貿易への圧力の増大を導いた。輸入条件の単一化は，1993年までに域内市場の完成とともについに完成した。それ以降，国内的な措置が可能であるのは，公衆衛生や安全保障のような非経済的基盤においてのみである。そのような困難とともに，共通通商政策の厳格な範囲に関する法的論争もまた生じ，判例法や基本条約改正を導くこととなった。

(1) 司法裁判所の役割

　ローマ条約は，共同体が法人格を有することを確立したが，対外行動に関して明示に言及する規定を多くは含んでいなかった。共同体の貿易権能の明確化と拡大に関しては，司法裁判所が，その判決と意見を通じて，極めて重要な役割を果たしてきた。1970年，欧州委員会は，欧州道路運輸協定（ERTA, European Road Transport Agreement）を司法裁判所に持ち込んだ。その判決の中で，裁判所は，次のように述べることによって，「黙示的権限の法理」を展開した。すなわち，「基本条約に定める共通政策の履行に関して，共同体が共通の規則を規定する条文を採択する度に，どのような形式をとろうと，これらの規則に影響するような義務を第三国と締結する権利を，個別的にも集団的にも，加盟国はもはや有しない」のである。[1]

　この画期的判決は，基本条約の中で明示的に確立していたものを越えた権限を，共同体の対外的権限に拡大した。つまり，EECの諸機関は，対内的に規定されている問題において，対外的に行動することが許されたのである。基本条約上の目的達成のための共同体規範がいったん採択されれば，その権能は排他的なものであり，したがって加盟国はそのような域内規範の範囲に影響を与

第3章 EUの通商政策

えあるいはそれを変更する国際的介入はできない。

　司法裁判所はまた，想定された通商協定に関するいくつかの重要な意見を発した。司法裁判所が，初めて国際協定に関する意見を言い渡したのは1975年である。その時問題となった協定は，経済協力開発機構（OECD, Organisation for Economic Co-operation and Development）において採択された「ローカル・コスト基準に関する覚書」であった。欧州委員会は司法裁判所に対して，共同体が政府の輸出信用を規定するこの協定を締結する権限があるかどうかの判断を求めた。司法裁判所は次のように指摘した。共通通商政策は，「共通市場の機能という文脈において，共同体の共通利益を守るために策定されている。共同体の中では，加盟国の特定の利益は，相互に適用されるよう努力しなければならない」。そして，通商協定の締結に関する基本条約の規定は，「この問題に関する加盟国と共同体による権限の同時行使は不可能である」ということを明らかに示している。司法裁判所はつまり，共通市場の統一と，単一通商政策との関連性を強調した。たとえ共同体がいかなる行為も行っていなくとも，加盟国は，共通通商政策——当時は商品貿易を意味する——の機能に影響を与えうるような分野において，立法することはできなかったのである。

　しかしながら，翌年，国際貿易の発展が，関税と分担金の削減をはるかに越える経済活動を導いた。共通通商政策の対象範囲は，GATT の締約国が1986年にウルグアイ・ラウンドを立ち上げた時，大きな困難に直面した。交渉の議題には，サービス取引，貿易に関連する知的財産権，投資措置などの新しいトピックが含まれていた。WTO の創設に至るウルグアイ・ラウンドの諸協定に署名する必要があった1994年，欧州委員会は共同体が排他的権限を有するということの確認を求めて，司法裁判所に意見を要請した。

　司法裁判所は，「意見1/94」の中で，ウルグアイ・ラウンドで協議された全ての分野が，共通通商政策の範囲内にある，あるいは，黙示的権限によってカバーされるとする欧州委員会の見解を却下した。司法裁判所は，商品貿易に関するWTO の諸協定（たとえば，農業に関する協定，衛生と植物衛生措置に関する協定，貿易の技術的障壁に関する協定など）は，排他的な共同体の権能の範囲内であることを確認した。サービス貿易に関する一般協定（GATS, General Agreement

47

on Trade in Services)に関しては,司法裁判所は,サービスの供給の4つの類型を明らかにした。人(自然人・法人)の移動を含まない,国境を超えるサービスに対して,共同体は一般的に対外的権能を持っているが,加盟国は,サービスを供給しているその他の類型における権能を保持している,というのが裁判所の意見であった。司法裁判所はまた,偽造品流通の禁止に関する規定は別として,知的所有権の貿易関連の側面に関する協定(TRIPs, Agreement on Trade-Related Aspects of Intellectual Property Rights. 以下,「TRIPs協定」とする)は共通通商政策の範囲内には無いと結論付けた。主な理由は,知的財産法の調和を追求する場合,認識されている排他的権能が,EUの諸機関が通常なら従うであろう投票手続きや規範を阻止することによって,共同体内でのさらなる調和を達成できるのを可能にしうるという事実のみならず,知的財産権と商品貿易との関連性が不十分であるということにあった。

結果として,共同体は,商品貿易に関するWTOの諸協定のみを締結する権能があり,他方で,共同体と加盟国は共同で,GATSおよびTRIPs協定の両方を締結する権能があるというのであった。この判例は,後にEU基本条約の改正に影響を与えた。

(2) 基本条約の改革——対内的・対外的課題への対応——

1985年版『域内市場白書』の中で,欧州委員会が,域内市場の完成に必要とされる300近い立法措置を明確にした後,1987年に単一欧州議定書(SEA, Single European Act)が発効した。とりわけこの条約改正は,理事会が全会一致に代わって特定多数決により決定できる領域を増やすことによって域内市場の確立を促進した。その目標は1993年に定められた。こうした努力はまた,繊維品,バナナ,日本車のような,一定の製品の輸入に対して残存していた国内割当を廃止し,より単一的な共通通商政策を導いた。

さらに,域内市場の完成は,第三国との一連のEU通商協定の契機となった。EUが交渉を行ったのは,EFTA諸国との欧州経済領域(EEA, European Economic Area),南地中海諸国とのEU・地中海パートナーシップ(Euro-Mediterranean Partnership),中東欧諸国との欧州協定,コモンウェルス諸国とのパートナーシップ・協力協定,トルコとの関税同盟協定,欧州以外の新興市

場との二国間自由貿易協定（FTA, Free Trade Agreement）である。

　それでもなお，マーストリヒト条約には，実質的な変化のない共通通商政策に関する条項が残っていた。この問題は，ウルグアイ・ラウンドが締結予定であった1994年（上記参照）に再浮上し，それに続く条約改正で漸進的な法的対応が図られた。1995年に始まるアムステルダム条約の起草のための政府間会議において，欧州委員会は，WTOに関する全ての問題を扱うことを可能にする改正をほどこした共通通商政策の条項を取り入れるよう試みた。しかしながら，加盟国間の妥協の結果，唯一，改正されたのがEC条約133条に追加された「授権条項（enabling clause）」という新たな段落であった。それに従い，理事会は，全会一致の決定により，基本条約を改正することなく，共同体の権能をサービスおよび知的財産に関する国際協定に拡大した。この新規条文は，WTO交渉をカバーすることを意図していた。しかしながら，この条項が適用される前に，再交渉の対象となった。

　1997年のアムステルダム条約は，差し迫っているEUの東方拡大に必要と考えられる機関改革を法制化できなかったため，新たな政府間会議がすでに2000年に未解決の問題に取り組むべく動き出した。その結果，2003年に発効したニース条約の共通通商政策に関する条項は，司法裁判所がWTO諸協定に関して定義した範囲により近づいたが，結果的にはむしろ不鮮明で複雑な表現となった。この基本条約はまた，部門別アプローチを導入した。つまり，文化的・視聴覚的サービス，教育サービス，社会的・人的保健サービスにおける貿易という政治的に問題となり得るような領域に対して，共同体の権能を排除した。こうした分野は，いわゆる混合協定（mixed agreements）を要求した。混合協定とは，EUと第三国との協定で，EUと加盟国の権能の問題に関係するものであり，それゆえ双方による署名，締結，批准を要するものである。さらに，基本条約は，通商問題を越える知的財産協定にまで，理事会が範囲を拡大することを認める，新しい「授権条項」を含んでいた。

　EU拡大と進行中のWTOドーハ・ラウンドという背景に反し，2004年の憲法条約は，共通通商政策の条項の簡素化をさらに前進させた。憲法条約は批准されなかったが，その後，リスボン条約は，貿易問題に関する本文条項のほと

んどを変わらず維持した。リスボン条約はまた，EU に明示の法人格を与えた（EU 条約47条）。2009年12月のリスボン条約発効に伴い，EU は EC を引き継いだ。共通通商政策の新しい全分野が，ついに EU の排他的権能となった。その範囲は，さらに明確化され，外国直接投資が追加された。このことは，もはやこれらの分野（のみ）を含む混合協定の必要性がないということ，各国議会による批准はもはや要求されないということを意味している。同時に，欧州議会は，通商政策の履行と国際通商協定の締結における新しい権限を獲得した。

　実質的な変化の無かった十数年の後，共通通商政策に関する法規範は数年で大きな進化を遂げた。通商政策は今日，現行 WTO の全ての問題を排他的権能として取り扱っている。すなわち，商品貿易，（運送を除く）サービス貿易，知的財産権の通商的側面および外国の直接投資である。EU 加盟国の国内的権能は大幅に制限されており，貿易フェアの運営，輸出および対内投資の促進，または貿易情報の提供に限られる。

3　EU 通商政策のアクターと目標

　EU 通商政策の領域において最も重要なアクターは，一方では EU 機関，特に，欧州委員会，理事会における加盟国代表および欧州議会であり，他方では，商業上の利益団体や NGOs のような私的アクター，さらに第三国である。これらのアクターが，EU 通商政策の具体的目標を形作っている。

(1)　EU 通商政策におけるアクター

　EU の排他的権能として，欧州委員会が共通通商政策に関する唯一の発議権を有している。欧州委員会は，新規の通商協定を提案し，加盟国を代表して締結交渉を行う。欧州委員会はまた，共通通商政策の履行のための規則を提案し，EU 通商政策の手段が適用される場合の決定を発する。それにもかかわらず，欧州委員会は，制度的に，欧州議会における主たる政治的部分からのみならず，外務理事会（FAC, Foreign Affairs Council）の中でも，提案に必要な支持を得られるかどうかを見通すことが強いられる。理事会における決定の手続きは対象となる問題によるが，多くの場合コンセンサスによって決められる（以下参照）。

第3章 EUの通商政策

　共同体の初期の段階から，単純な対立の構図が，ドイツやオランダに代表される自由主義的な北側加盟国と，フランスやイタリアに代表される南の保護主義的グループとの間で，しばしばみられる。そのことは，とりわけ，農業と繊維業の保護を主張することに関係するものである。[4]この勢力バランスは，拡大の各段階で変化した。北側の「自由貿易者」には，イギリス，アイルランド，スカンジナビア諸国，オーストリアが加わり，南グループは，ギリシア，スペイン，ポルトガルを招き入れた。それとは対象的に東方拡大は，わずかに保護主義的な向きもあるが，より公平なものであった。[5]しかしながら，個々の加盟国は必ずしもそのような傾向で予想通りに行動するわけではない。

　一般に，欧州議会は，より保護主義的志向の傾向を示していると言われ，環境や人権問題のような非貿易的関心と通商的関連性をリンクさせることも多い。これとは対照的に，欧州委員会は，概してより自由主義的で自由貿易志向のアクターだとみなされている。ただし，欧州委員会の立場は，各担当総局（Derectorates-General）の対内的な対立が目立つことが多い。貿易総局よりも開発志向の立場を採る開発総局もあれば，保護主義的性質をもつ農業総局もある。

　下記の節で詳述するように，決定は，3つの主要機関の間の組織的な相互作用――すなわち，欧州委員会が「提案し」，理事会と欧州議会の両方が「決定する」というプロセス――の結果である。

　非国家アクターは，第三国代表団と同様に，このプロセスのあらゆる段階において，通商政策に影響を及ぼそうとする。私的アクターの参加は，用いられる通商政策手段の種類によりかなりの程度にまで異なっている。1990年代後半に導入されたセミフォーラムないわゆる市民社会対話（Civil Society Dialogue）において，貿易総局は，市民社会の各組織に通知し，その意見を聞き，意見交換するために，より広い層の聴衆に関心のある通商政策問題に関して，定期的で組織的な会合を開いている。[6]欧州経済社会委員会（European Economic and Social Committee）は，雇用者，国内貿易組合，組織化された市民社会からの様々な関係者によって構成される正式な諮問機関である。同委員会は，とりわけ，主として自ら決定した見解を通じて，国際貿易問題を扱っている。欧州委員会はまた，助言や専門知識を与えるために，全部門の専門家から構成される様々

51

な諮問委員会を創設できる。最後に，生産者は，貿易総局内に設けられた特別サービスに，アンチダンピング措置の課税あるいは第三国における市場アクセス調査の開放を求めるために，請願する権利を有している。

ヨーロッパレベルでは，利益代表者たちはそれゆえ，欧州委員会の下の貿易総局，貿易担当委員のキャビネット，欧州議会に置かれている国際貿易委員会（INTA, Committee on International Trade）のメンバー達に訴えかけることができる。各国レベルでは，私的関係者やNGOは，ブリュッセルに於いて，常駐代表委員会（COREPER, Committee of Permanent Representatives）の会合に出席する自国の常駐代表団，通商政策委員会の自国メンバー，欧州議会の自国メンバーに対し，また自国に於いては責任ある大臣に対して，ロビー活動が可能である。全てのアクターが，EU通商政策に影響を与えようと試みているのである。

(2) EU通商政策の目標

共通通商政策は，伝統的に，国際貿易自由化の最終到達点と位置づけられてきた。リスボン条約は，EU運営条約206条に，依然として次のような規定を置いている。すなわち，「共通の利益の下，EUは，世界貿易の調和のとれた発展，国際貿易と外国直接投資における制限の漸進的撤廃，および関税その他の障壁の引き下げに貢献する」。しかしながら，EUは，共通通商政策（EU運営条約207条1項）を，EU条約21条2項の一般規定が適用されるEUの対外行動の一環として初めて位置付けたのである。同条は，次のとおりである。

EU条約21条2項
「EUは，以下のために共通の政策と行動を策定および追求し，かつ国際関係のすべての領域における高次の協力に向けて行動する。
(a) EUの価値，基本的利益，安全，独立および一体性の擁護
(b) 民主主義，法の支配，人権および国際法の原則の強化と支援
(c) 対外的境界線に関する原則を含む，国連憲章の目的と原則，ヘルシンキ最終議定書の原則およびパリ憲章の目標に従う，平和の維持，紛争の予防および国際的安全保障の強化
(d) 貧困の根絶を主要な目的とする，途上国の持続可能な経済，社会および環境の開発の促進
(e) 国際貿易に関する制限の漸進的な撤廃などを通じた，すべての国家の世界経済への統合の奨励

第3章　EUの通商政策

(f) 持続可能な開発を確保するために，環境の質および地球の天然資源の持続可能な管理を維持し，かつ改善するための国際的措置を発展させることの促進
(g) 天災または人災に直面する人々，国家および地域への支援
(h) より強固な多国間協力と良きグローバル・ガバナンスに基づく国際体制の促進」

　EUの通商政策は，単に自由化されただけの貿易や投資というよりも，かなり広範な目的によって導かれている。EUは，対外関係において，経済的利益，政治的価値およびその他の規範を結び付けることを目指しているのであるが，それらの目的の中にいかなる優先順位も見出せない。EUの対外行動のためのこのような「準憲法的」枠組は，共通通商政策と他の対外政策との協調のため，そして，貿易を通じた非貿易目的の追求のための法的基盤を作り上げている。EU対外行動の全ての分野間における一貫性や，EU条約21条3項を含む基本条約のいくつかの条項の中での，こうした政策とその他の政策との一貫性を確保するという目的を明文化したことによって，このような多様な目的の追求が，緊張を導く可能性があることをリスボン条約は認識している。

　EUは過去に，特に近隣諸国や途上国との間で，通商目的よりもむしろ政治的目的のために通商協定を締結することが多かったが，このようなアプローチはWTOドーハ・ラウンドの失敗によって部分的に見直された。2006年の「グローバル・ヨーロッパ」通商戦略で，欧州委員会は，FTAを利用したさらなる市場の開拓——特に新興市場の開拓——によって，EUの競争力を強化することを目指した。EUの競争相手とのパートナーの交渉のみならず，「新たなFTAパートナーに対する主要な経済的基準は，市場の潜在能力（経済的規模および成長）やEUの輸出利益（関税や非関税障壁）に対する保護の程度である」。「新世代」のFTAは，（産業上の）商品貿易を越えたものであり，WTO交渉（たとえば，投資，公的な物資調達，競争，知的財産権の強化など）の対象外の一定の問題も扱っている。

　各アクターが自らの目的を追求する3類型の手続きは，次のように分類できる。通商協定の交渉，共通通商政策の履行，アンチダンピング調査のような片務的通商政策措置の適用である。

53

4　国際通商協定の締結交渉

　EUは，世界中の国々との特恵貿易協定という広範で成長を続けるネットワークを築いてきた。これらの協定は，EUとEU加盟国が当事国となっているWTOの規則に従う必要がある。

　二国間・多数国間を問わず，通商協定の交渉と締結を行うための意思決定手続きは，EU運営条約207条および218条に基づく。通商協定は，次のような，いくつかの形式を採ることができる。すなわち，通商，協力，連合の諸協定である。協力および連合協定は，一般通商協定と比較すると，より広い範囲をカバーし，政治的側面を含むのが通例なので，混合協定というカテゴリーの中に位置付けられるのが適切である。

(1)　一般通商協定

　貿易総局は，欧州委員会に提案を上程する前に，マンデートを起草し，他の各総局との内部協議に入る。次に，交渉中の指令案は，通商政策委員会（TPC, Trade Policy Committee），理事会のワーキンググループ（各加盟国から選出された貿易担当高級官僚から構成），および欧州委員会において議論される。マンデートへの合意の達成を目指し，TPCは，提案をCOREPERに渡す前に修正することができる。最終的に，FACが，欧州委員会のためのマンデートを承認する。その場合の採決方式について，原則は特定多数決であるが，慣行により通常はコンセンサスによって承認される。ただし，連合協定および域内規則で全会一致の要件が定められている規定を含む協定の場合には，全会一致が必要とされる。貿易問題に関しては，交代制の理事会議長がFACを統轄するのが通常である。

　欧州委員会は，国際貿易交渉の進展に関して，TPCとINTAの双方に，定期的に報告しなければならない。しかしながら，基本条約には，TPCが欧州委員会によって諮問され，なおかつ交渉中は欧州委員会を支援することが明確に規定されている。したがって，上の2つの委員会は同じ地位を享有するものではない。INTAは，会合の頻度はかなり少なく，取り扱う問題の専門性も低

い。TPCは，政策決定過程において，極めて重要な役割を果たしている。同委員会は，欧州委員会の発議のための相談役として，欧州委員会がその要望に沿う形で自らの任務を遂行しているかどうかを監視する加盟国のための監視役として，活動している。さらに，TPCは，加盟国全体としての特恵を促進し，必要な場合には，問題をFACの議事に載せる前に，加盟国間における顕著な争点を解決する。

　欧州委員会は，交渉を経た通商協定に仮署名することができる。通商協定の締結のためには，いかなる修正の可能性がないとしても，欧州議会の合意が必要とされる。欧州議会は，INTAからの勧告に基づき，1回の投票によって決定を行う。合意の採択に必要とされるのは，欧州議会議員による単純多数決である。FACは，通常は特定多数決に基づく決定を採択することによって，協定を締結する。全会一致が必要とされるのは，連合協定と，全会一致が域内的に適用される条項を含む協定，および政治的に難しいサービス貿易に対して一定の条件の下にある協定の場合である。すなわち，文化的および視聴覚的サービスの貿易ならびに社会的，教育的，および保健に関するサービス貿易の分野である。前者に関する協定は，「EUの文化的および言語的多様性を侵害する危険性」があり，後者に関する協定は，「加盟国における当該サービスの国内機関に干渉し，加盟国がそのようなサービスを遂行する責任を侵害するという深刻な危険性」がある（EU運営条約207条4項）。

　連合協定または混合協定の，着手，交渉，締結の手続きは，大部分が，一般通商協定のための意思決定と同じ道のりをたどる。

(2) 協力協定および連合協定

　協力協定は，一般通商協定を凌いでいる。すなわち，それぞれの詳細な性質次第では，EU運営条約207条に加え，別の法的根拠が必要である。たとえば，開発協力に関する部分を含む協定の場合には，EU運営条約209条が追加されうる。他の条項は，環境または社会政策，司法・内務協力，あるいは政治協力のような分野別の協力と関連する。

　連合協定は，EU運営条約217条を根拠とする。EU運営条約217条の規定は，「EUは，1カ国またはそれ以上の第三国あるいは国際機構との間に，相互の

権利義務，共通行動および特別手続きを含む連合を設立する協定を締結できる」というものである。連合協定が典型的に含んでいるのは，特恵市場アクセスまたは自由貿易，様々なタイプの経済的・財政的・技術的協力，および政治対話である。通商協定や協力協定と比べて，そのような連合というものは，より精緻な制度の確立を示唆している。閣僚レベルで構成される連合理事会（Association Council）は，合意された目的の達成のために，決定や勧告を行う。他方で，連合委員会（Association Committee）は，事務レベルで構成され，協定の管理運営と，その適用や解釈における相違を解決する。仲裁的な機能のほかに，いくつかの連合には，共同議会機関そして経済界および社会団体の代表からなる共同諮問委員会を設けている。

　さらに，リスボン条約では，近隣諸国との特別な関係を発展させることを謳った新たな規定が追加された。その規定の枠組みにおいて，EUは「共同して活動に取り組む可能性だけでなく，相互の権利義務を含む」（EU条約8条）という内容の協定を締結することができる。この文言は，連合協定の文言に類似している。実際に，EUは，おもに近隣諸国との間で連合協定を過去に締結してきた。

　混合協定の交渉，締結および履行は，複雑な法的問題を提起する。司法裁判所は，いわゆる「編入理論（absorption doctrine）」を適用した。この理論は，ある協定の支配的で主要な目的は，補完的または付随的な性質の目的をもつ他の実体的な法的根拠は編入されるというものである[11]。加盟国間において，協定が混合でなされるということへの政治的コンセンサスがある場合には，たとえば，国家の特権として，それを混合協定に替えるとする政治対話に関する規定を追加できる[12]。EUとEU加盟国の双方が締約国であるため，混合協定の批准には長い時間がかかる。実際には，EUの権能内にある貿易のような主要な部分を包括する，別個の協定が締結されることが多い。そのような暫定協定であれば，加盟国議会による批准なしで発効しうる。

5 共通通商政策の履行

　EU通商政策の履行のための意思決定手続きは，EU運営条約207条2項に規定されている。同条項によれば，「欧州議会及び理事会は 通常立法手続きに従った規則という手段によって立法することにより，共通通商政策の履行のための枠組みを定める措置を採択する」。すなわち，欧州議会と理事会は，外国直接投資やアンチダンピングに関する規則，またはEUが締結した国際通商協定の履行のような，通商の手段に関するEU法を採択する権限を共有している。したがって，そのような規則の適用は，そこで規定される手続きに従う。

(1) 理事会および欧州議会による共同決定

　通常立法手続き（旧共同決定手続き）は，複雑な三読会制による手続きであるが，欧州議会と理事会は，第三段階に到達する前に，ほとんどの立法の内容に合意することとなる。[13]その主要な段階を簡潔にまとめると，次のとおりである。欧州委員会の内外で広く協議した後，貿易総局によって起草された立法案を，欧州委員会が上程する。その後，欧州委員会が提出した草案は，欧州議会の関連委員会と，理事会の作業部会およびCOREPERによって，同時進行で審議される。

　TPC以外に，貿易の分野における理事会の下の準備小委員会が他にも存在する。たとえば，貿易問題に関する作業部会（この作業部会は，主として，アンチダンピング，反補助金，セーフガードメカニズムの問題を扱っている），商品に関する作業部会，一般特恵関税制度（GSP, Generalized System of Preferences）に関する作業部会，輸出信用グループ，二重使用商品（たとえば，民事目的と軍事目的の両方に使われ得る製品や科学技術など）に関する作業部会などである。また，第三国との二国間関係を担当する地域的な作業部会もある。TPCは，基本条約に基づいて設立された委員会であるのに対して，作業部会に理事会によって創設されたものであるので，変更されることがある。作業部会は，欧州委員会の立法草案を詳細に分析し，通常はCOREPERに報告する。多くの農業に関する問題は，その量と専門性の観点から，この分野の理事会の作業は，

COREPERに代わって農業特別委員会（SCA, Special Committee on Agriculture）が部分的に準備を行う。

　第一読会において，欧州議会は，単純多数決によって，場合により修正を加えた上で自らの立場を本会議で採択する。もし理事会が欧州議会の文言を承認すれば（この場合は特定多数決による），その時は，法令（act）が採択される。もし，理事会が承認しなければ，理事会は特定多数決により自らの立場を採択し，それを欧州議会に説明を付して送り返す。欧州委員会もまた，当該問題に関する自らの立場を欧州議会に通知する。

　第二読会において，欧州議会が単純多数決で理事会の草案を承認するか，または決定を行わなかった場合には，法令は採択される。欧州議会は，絶対多数によって，理事会の立場を拒否することができ，その場合は廃案となる。あるいは，欧州議会は，理事会の草案を修正するよう提案することもできる。欧州委員会は，修正に関する自らの意見を発表する。第二読会において，理事会は特定多数決によって，欧州議会の草案を承認することができるが，欧州委員会が否定的見解を付している修正に関しては，全会一致で採択しなければならない。理事会が欧州議会の草案を承認しなかった時は，調停委員会が招集される。調停委員会は，調整を促す欧州委員会とともに，理事会と欧州議会議員からそれぞれ同数の代表者により構成される。

　調停委員会の各代表は，それぞれ独自の投票方法に基づき，共同草案を承認しなければならない。調停委員会が共同草案に関する合意に至らなかった場合は，成立しない。成功すれば，最終の第三段階が始まる。第三読会の目的は，共同草案と調和のとれた，2つの機関による法令を採択することである。その場合，欧州議会は多数決により，理事会は特定多数決により，立法行為を行う。手続き全体について，各段階の期限を尊重しなければならない。

　通常立法手続きに基づいて採択された，共通通商政策の履行に関する措置の中には，保護的・攻勢的通商政策手段のみならず，共通関税率や，共通輸入・輸出規則（たとえば，割当，輸入・輸出禁止，ライセンス，国内的あるいは輸出補助金，農業付加金），一定の国々に対する自律的貿易特恵がある。

(2) 通商政策の手段

 EUの共通関税率は,どの加盟国が目的地であるかに拘わらず,第三国から輸入される製品に適用される単一関税の義務によって構成される。ほとんどの共通対外関税率は,WTOで交渉されたものである。しかしながら,特恵貿易協定を通じて,あるいは特定の国に対する自律的貿易特恵を通じて,これらの税率の適用からのデロゲーションが多数存在する。たとえば,GSPを通じて,EUは途上国に対して,非相互的な免税でのアクセスや,取り扱いの難しい製品に対する関税の軽減を供与する。GSPの第1の目的は,受益国における貧困の削減と持続可能な開発の促進に貢献することである。

 保護的な通商政策手段は,WTO規則に従い,外国市場におけるEUの企業の利益を守ることを目的としている。第1に,アンチダンピング措置は,輸入品の価格を上げることによって,市場環境の回復に努めるものである。ダンピングは,第三国からの製品が,自国国内市場の販売価格を下回り,あるいは生産コストを下回るような形で,EU内で商品を販売する場合に生じる。しかしながら,アンチダンピング措置がとられるのは限られており,ダンピングが原因となって産業に重大な損害を与えた場合,あるいは与えるおそれがある場合である。第2に,同様の理由で,反補助金措置は,不公正な生産コストの削減やEUへの輸出価格低減によって,貿易に歪みを生じさせるような,商品に対する当局からの補助金と闘うものである。反補助金措置は,対抗的な関税を課すことによって行われる。第3に,セーフガード措置は,輸入の急増が国内産業に深刻な損害を与える原因となるおそれがある場合に,一時的に輸入を制限することができる。

 攻勢的通商政策措置は,外国市場を開き,貿易障壁を取り除くことを目的とする。第1に,貿易障壁規則（TBR, Trade Barrier Regulation）が1994年に制定され,第三国におけるEU企業の市場へのアクセスを制限するような,あるいは,EU市場に損害を与える要因となるような貿易障壁について,EU企業は欧州委員会に不服を申し立てることができるようになった。TBRは,申立人がEU産業の主たる部分を代表しなければならない保護的通商政策措置とは異なる。TBRの下では,個々の企業が欧州委員会に対して,国際貿易規範と一

致しない実行について調査を求めることができる。たとえば，外国での販売制限，外国市場における差別的扱い，特許やライセンスの取得困難，その他のあらゆる形式による商品やサービスの輸出に対する不公正な障害に対して実行される。交渉や第三国による行動を通じて解決に至る場合もあれば，WTO の紛争解決手続きによる場合もある。第 2 に，1996 年以降，「市場アクセス戦略（Market Access Strategy）」は，主たる市場に対する輸出と投資の状況に関して，業界に情報を提供し，第三国における貿易障壁について業界から受け取った不服の追跡調査を援助する。たとえば，インターネットを基盤とした「市場アクセスデータベース」の援助がある。

EU 規則に基づく，貿易救済の適用に関する決定は，多数の段階のプロセスを経る。ほとんどの通商政策措置が，その手続きの中で，自らの特別委員会のための役割を予期している。欧州議会は，リスボン条約以降，この分野における包括的な立法の枠組の形成に参画しているが，貿易救済の直接的な適用には関与していない。

6　EU 通商政策における一体性という課題

EU 通商政策が直面している課題の中に，特に，政策の一体性と EU 対外行動における一貫性の問題があり，それはリスボン条約によってさらに強化された目的である。一方では，貿易問題は他の対外政策と重複する傾向が強くなっており，ほとんど全ての EU 域内政策が，対外的側面を同様に獲得してきている。他方で，EU は，冷戦後，共通通商政策においても「規範的パワー（normative power）」として行動することが増えてきた。たとえば，いくつかの通商手段の中に，EU は政治的コンディショナリティを導入している。[14]

(1) 他の EU 政策との整合性

貿易自由化は，他の EU 政策との関係や，それぞれの政策目標との適合性に関する問題を提起する。通商政策はとりわけ，農業，競争，公衆保健衛生，開発，環境，外交政策と関連する。これらの政策の相互作用は次第に重要になってきている。

第1に，多くの政策領域間でその境界線が不明確になってきた。より自由な貿易の要件は，必ずしも簡単には非貿易的関心と両立しない。多くの場合に，そのような利益の合法的セーフガードと，外国の競争相手に対する国内市場の保護とは，紙一重である。たとえば，EUは，消費者保護の必要性から，成長ホルモンを使った牛から生産された輸入牛肉の禁止を正当化しているが，これは明らかに成長ホルモンを使用しない牛の生産者が，EU牛肉市場において，米国の競争に対する保護から利益を享受していることは明らかである。

　第2に，他の政策が，通商上の考慮よりも重視される場合もある。たとえば，人権に関する問題は，通商協定の締結を妨げうるし，通商協定は，経済的には重視されなくとも地理的に重要な国との締結が模索されうる。

　第3に，EUは，非経済的目的のための貿易措置を採りうる。経済制裁は，政治上・安全保障上の理由で，国に対して圧力をかけるのに資しうる。たとえば，1985年から1994年にかけての南アフリカのアパルトヘイト制度の場合や，1989年の天安門事件以降の中国に対する武器の禁輸である。こうした制限的措置は，拘束力ある国連安保理決議の履行のために課される場合と，EU独自の政策として課される場合がありうる。さらに，EUは，一定の条件の下で，第三国に与えられた貿易特恵を停止することができる。例としては，労働者の基本的権利の侵害への対応として，1997年にミャンマーに対して，2007年にベラルーシに対して，GSPを停止した。

　EUの判例法もまた，相互関連性のある政策の問題を扱っている。たとえば，司法裁判所の判例は，二重使用製品の第三国への輸出を禁止する規範が，共通通商政策の範疇にあるということを確立した。[15] 加盟国は，EUの貿易規範と一致する方法で，外交や安全保障政策の問題に関する国内的権能を行使しなければならない。貿易措置は非通商的目的をもつという事実は，そのような措置の貿易上の性質を変えるものではない。

　貿易措置はまた，一定の環境保護政策の追求のためにも利用されうる。[16] 生物多様性条約の枠組みの中で，2000年に締結された「バイオセーフティーに関するカルタヘナ議定書」は，改変された生物の国境を超える移動の有害な効果に対する生物多様性の保護を目的としている。司法裁判所は，カルタヘナ議定書

に関する「意見2/00」において，次のことを明らかにした。共同体の措置が，2つの目的を追求する場合で，「1つは主要で支配的な目的または内容であり，他方は単なる副次的なものであると認識される場合，その措置は，とりわけ前者によって求められる1つの法的根拠の中に見出されなければならない[17]」。しかしながら，もし例外的ケースとして，「その措置が，もう一方との関連において二次的で間接的なものとは関連しないいくつかの目的を同時に追求しているならば，その措置は1つ以上の法的根拠に依拠することができる[18]」。カルタヘナ議定書の主たる目的は，生物多様性の保護であるので，環境政策の中にある1つの法的根拠が十分なものとして考慮され，同議定書は共通通商政策の範囲外にあると考えられた。

様々な政策との調和を越えて，EUは，冷戦後から徐々に，明確な規範的側面を一般的な対外関係と同様に，通商政策に付加するようになってきた。

(2) 規範的課題の導入

EU自身が，「人間の尊厳，自由，民主主義，平等，法の支配および（少数者の権利を含む）人権の尊重という価値に基礎を置く」（EU条約2条）価値の共同体である。冷戦後の時代，EUは，通商政策の中にもまた，規範や政治的コンディショナリティの役割が，次第にコンセンサスを得てきた。政治的権利や民主主義原則の保護に始まり，EUは，その後，規範的貿易の課題に，核となる労働基準や持続可能な発展に関する規定を付け加えてきた[19]。このアプローチは，政治的価値と通商的利益との間に齟齬がある場合，摩擦を生む危険性がある。それにより一層のこと，リスボン条約における「規範性」の強調が，「グローバル・ヨーロッパ」戦略の下でのより攻勢的な通商的関心に向かうEU通商政策の転換と一致する。

コンディショナリティは，様々なEUの文書の中に表われている。もっとも一般的なのは，二国間・多数国間協定，財政支援または貿易特恵の一方的規則の中にある人権条項である。人権条項が最初に盛り込まれたのは，1989年後半に署名された，アフリカ・カリブ・太平洋諸国（ACP, African, Caribbean and Pacific Group of States）との第四次ロメ協定である。この条約は，後の条約改正によってさらに強化された。一時停止条項または不執行条項（人権と民主主義を

協力の「本質的要素」として尊重するもの）の最初のものは、1990年代初頭の中央・東ヨーロッパ諸国との EU 協定の中に見出される。1969年の条約法に関するウィーン条約（60条）は、条約目的の達成に「本質的」規定の侵害を構成する重大な違反が発生した場合には、国際条約の一方的な終了や運用停止を認めている。

共産主義の衰退と、民主化の世界規模での展望という視点において、理事会は、途上国との間において、今後は将来締結される全ての協力協定に人権条項を挿入すると、1991年に宣言した。[20] 1995年、理事会は、人権条項のための基本的指針に対する欧州委員会提案を承認した。[21] その提案に含まれるのは、前文中での人権と民主主義的価値への一般的な言及、「本質的要素（essential elements）」を定義する条項、不執行に関する条項および後者に関する解釈宣言である。現時点において、人権条項は50以上の協定の中に導入され（そのうち、40の協定には運用停止条項を含む）、120以上の国に適用されている。

人権条項の適用に関して、EU は制裁のような消極的措置よりも、対話や奨励といった積極的措置に、長期的かつ明白な比重を置いている。運用停止は、最後の手段としてのみ存在する。実際に、貿易や協力協定における人権条項の下での EU の消極的対応は、ACP 諸国に限定されており、「なおこの場合にも、通常は軍事クーデターへの対応として、対象とされるのは ACP 諸国のうちの最貧国であった」。[22] EU は、人権の普遍性や不可分性を認めてはいるが（EU 条約21条1項）、しばしば聞こえてくるのは EU は市民的および政治的権利という第一世代の権利を、経済・社会・文化的権利という第二世代の権利よりも優先しているという主張である。[23]

しかしながら、1990年代半ば以降、EU は労働権と貿易に傾注するようになってきたが、WTO の中で社会条項を促進することには成功しなかった。WTO は、貿易制裁を考慮に入れ、その代わりに、ILO とのパートナーシップや二国間協定の中でより広範な社会的課題に転向した。[24] ヤンヴァンデンバーク（J. Vandenberghe）は、「EU の特恵協定の社会条項は、強制される法的コミットメントとしてよりもむしろ、達成すべき目的として、盛り込まれているように思われる」と述べている。[25] 依然として、欧州委員会は、通商協定における社会的

目的の推進にかなり関わりをもってきている。ここでも，ACP 諸国が主要な対象である。EU の特恵貿易協定において社会・労働問題に関する条項は，通常はあまり望まれない。2008年に CARIFORUM 諸国間と署名した初めての完全なる経済連携協定では，ILO に対する（任意的・）勧告的な労働基準への締約国のコミットメントの適用に関して，協議とモニタリングの手続きが導入された。それらの規定の解釈と適用に関する不一致が続いた場合には，問題の検討を専門家委員会に要請できる。双方が，保護主義的貿易目的のために労働基準を利用しないこと，そして基準を引き下げることによって，貿易や外国直接投資を奨励しないことに合意している。

EU の最新の自由貿易協定，すなわち，韓国，ペルー，コロンビアとの協定は，貿易と持続可能な開発に関して，1つの章を割いている。それには，国際労働基準や国際環境基準への堅固なコミットメントが含まれ，それらを履行し，モニタリングする制度的構造（市民社会の関わりを通じたものも含む）を作り上げている。種々の相違は，専門家からなる独立したパネルを通じて解決することが予定されているが，パネルは公的な勧告ができるにすぎない。現在交渉中の他の FTA は，同様の規定をもつことになりそうである。

7　おわりに

本章では，EU 通商政策の概略，その発展過程，アクター，目標および手続きをみてきた。域内と域外の両方の要素が，共通通商政策を形づくっている。一方では，貿易に対する非貿易障壁の登場，産業基盤の経済からサービス基盤の経済への移行のような，貿易関係の変動性，GATT/WTO ラウンドあるいは紛争解決の結果，および第三国の政策・非貿易的関心・政治的事象への EU の対応は，その全てが EU の通商政策にインパクトを与える。他方で，国内政治が一定の役割を果たしうる。それは，各分野の関係者が，自国政府や EU 機関に成功裏にロビー活動をし，ラウンドの拡大が EU の貿易特恵の並びを変化させることもあり，また基本条約改正や司法裁判所の判決や意見が特定のアクターを活性化させることもあるからである。

資料3-1　FTA・EPA関連条約一覧（署名日順）

署名日	条約締結国・地域	条約名	発効日
1972年7月22日	アイスランド	協定	1973年4月1日
7月22日	スイス	協定	1973年1月1日
1973年5月14日	ノルウェー	協定	1973年7月1日
1995年7月17日	チュニジア	EU・地中海連合設立協定	1998年3月1日
11月20日	イスラエル	EU・地中海連合設立協定	2000年6月1日
1996年2月26日	モロッコ	EU・地中海連合設立協定	2000年3月1日
1996年12月6日	フェロー諸島	協定	1997年1月1日
2月24日	パレスチナ自治政府	貿易と協力に関するEU・地中海暫定連合協定	1997年7月1日
11月24日	ヨルダン	EU・地中海連合設立協定	2002年5月1日
12月8日	メキシコ	経済連携・政治的調和・協力協定	2000年10月1日
1999年10月11日	南アフリカ	貿易・開発・協力に関する協定	2004年5月1日（2000年1月1日（暫定適用））
2001年4月9日	マケドニア旧ユーゴスラビア共和国	安定化・連合協定	2004年4月1日
6月25日	エジプト	EU・地中海連合設立協定	2004年6月1日（2004年1月1日（暫定適用））
10月29日	クロアチア	安定化・連合協定	2005年2月1日
2002年4月22日	アルジェリア	EU・地中海連合設立協定	2005年9月1日
6月17日	レバノン	EU・地中海連合設立協定	2006年4月1日
11月18日	チリ	連合設立協定	2005年3月1日（2003年2月1日（部分適用））
2006年6月12日	アルバニア	安定化・連合協定	2009年4月1日
2008年4月29日	セルビア	貿易及び貿易関連事項に関する暫定協定	2008年7月1日
6月18日	ボスニア・ヘルツェゴビナ	貿易及び貿易関連事項に関する暫定協定	2008年7月1日
2009年7月30日	太平洋諸国（パプアニューギニア, フィジー）	暫定パートナーシップ協定	未発効（パプアニューギニアのみ2011年5月25日批准）
8月29日	東南アフリカ諸国(ESA)(ジンバブエ, モーリシャス, マダガスカル, セーシェル)	EPA枠組設立暫定協定	未発効（2012年5月14日（暫定適用））
2010年3月29日	モンテネグロ	安定化・連合協定	2010年5月1日
10月6日	韓国	自由貿易協定	未発効（2011年7月1日（暫定適用））
2012年6月26日	コロンビア・ペルー	貿易協定	未発効（2013年3月1日（暫定適用））（コロンビアは未適用）

【関税同盟】アンドラ, サンマリノ, トルコ

【交渉終了, 未発効条約】EU・シンガポールFTA（2012年12月締結）；EU・中央アメリカ連合協定（中央アメリカ：コスタリカ, エルサルバドル, グアテマラ, ホンジュラス, ニカラグア, パナマ）（2012年6月署名）；EU・ウクライナ強度包括的FTA（2011年12月締結）；EU・中央アフリカ暫定EPA（中央アフリカ諸国8ヵ国のうちカメルーンのみ署名（2009年））；EU・南部アフリカ開発共同体暫定EPA（南部アフリカ開発共同体諸国7ヵ国のうち5ヵ国と締結（ボツワナ, レソト, モザンビーク, スワジランドが署名（2009年6月）, ナミビアは未署名））；EU・コートジボアール Stepping Stone EPA(2008年11月署名（アビジャン）, 2009年1月発効（ブリュッセル））；EU・ガーナStepping Stone EPA（2007年12月締結）；EU・東アフリカ共同体EPA枠組設立協定（東アフリカ共同体：ブルンジ, ルワンダ, タンザニア, ケニア, ウガンダ）（未署名）；EU・カリフォルムEPA（カリフォルム：カリブ諸国15ヵ国）（2008年10月署名）

【交渉中・交渉準備中の国・地域】日本, アメリカ, アセアン諸国, 南地中海諸国, カナダ, インド, マレーシア, メルコスール, モルドバ, アルメニア, グルジア, アフリカ・カリブ・太平洋諸国

【交渉中断中の国・地域】リビア, 湾岸協力理事会

出典："MEMO/13/282" (European Commission), 欧州委員会ウェブサイト（「貿易」）〈http://ec.europa.eu/trade/〉, EUR-Lex 検索を基に, 訳者作成（2013年5月現在）。

リスボン条約の発効に伴い，共通通商政策は，EUの排他的権能となり，そこには商品貿易，サービス貿易（運輸を除く），知的財産権の通商的側面，外国直接投資が含まれる。それは，対外行動のEUの広範な目的の文脈の中に明らかに置かれてきたものであり，欧州議会はより強い権限を獲得した。こうした発展は，通商政策の政治化をより可能性の高いものとした。一般的に，EUは，自由貿易の道を追求している。しかしながら，EUはまた通商とその他の目的がオーバーラップするために，政策の一体性という課題に直面することが増えてきた。貿易は，人権，民主主義や持続可能性の促進のような規範的な問題と常に関連性を有しているのである。

【注】
1　委員会対理事会　事件（Case 22/70 [1971] ECR263）。
2　意見1/75（ローカルコスト基準に関する覚書[1975] ECR 1355）。
3　意見1/94（WTO協定[1994]ECR I-5267）。
4　Johnson Michael and Jim Rollo (2001), "EU Enlargement and Commercial Policy: Enlargement and the Making of Commercial Policy", *Working Paper*, 43, Brighton, Sussex European Institute.
5　Elsig Manfred (2010), "European Union Trade Policy after Enlargement: Larger Crowds, Shifting Priorities and Informal Decision-making", *Journal of European Public Policy*, 17(6), pp. 781-798.
6　Dur Andreas and Dirk De Bievre (2007), "Inclusion without Influence? NGOs in European Trade Policy", *Journal of Public Policy*, 27(1), pp. 79-101.
7　Woll Cornelia (2009), "Trade Policy Lobbying in the European Union: Who Captures Whom?", in David Coen and Jeremy Richardson (eds.), *Lobbying in the European Union: Institutions, Actors, and Issues*, Oxford, Oxford University Press, pp. 277-297.
8　Dimopoulos Angelos (2010), "The Effects of the Lisbon Treaty on the Principles and Objectives of the Common Commercial Policy", *European Foreign Affairs Review*, 15(2), p. 161.
9　European Commission (2006), Communication from the Commission to the Council, the European Parliament, the European Social and Economic Committee and the Committee of the Regious, Global Europe: Competing in the World. A Contribution to the EU's Growth and Jobs Strategy, COM(2006)567final, Brussels, 4 October 2006, p. 9.
10　Woolcock Stephen (2012), *European Union Economic Diplomacy: the Role of the EU in External Economic Relations*, Farnham, Ashgate, pp. 51-66を参照。
11　Marescau Marc (2010), "A Typology of Mixed Bilateral Agreements", in Christophe Hillion and Panos Koutrakos (eds.), *Mixed Agreement Revisited : the EU and its Member*

第3章 EUの通商政策

States in the World, Oxford, Hart Publishing, p. 15.
12 *Ibid*, p.16
13 Nugent Neill (2010), *The Government and Politics of the European Union*, 7th edn., Basingstoke, Palgrave Macmillan, pp. 310-319.
14 Gstöhl Sieglinde (2010), "The Common Commercial Policy and Political Conditionality: 'Normative Power Europe' through Trade?", *Studia Diplomatica*, LXIII (3-4), pp. 23-41.
15 Eeckhout Piet (2011), *EU External Relations Law*, 2nd edn., Oxford, Oxford University Press, pp. 35-39.
16 *Ibid.*, pp. 39-57
17 意見2/00（生物多様性に関するカルタヘナ議定書 [2001]ECR I-9713）。
18 *Ibid*.
19 *Supra note* 14, Gstöhl Sieglinde (2010); Bartels Lorand (2005), *Human Rights Conditionality in the EU's International Agreements*, Oxford, Oxford University Press, pp. 7-31.
20 Council of the European Communities, "Resolution on Human Rights, Democracy and Development", Council and Member States, meeting within the Council, 28 November 1991.
21 European Commission (1995), Communication from the Commission on the Inclusion of Respect for Democratic Principles and Human Rights in Agreements between the Community and Third Countries, COM(95)216final, Brussels, 23 May, 1995.
22 *Supra note* 19 Bartels Lorand (2005), p. 37.
23 Kerremans Bart and Jan Orbie(2009), "The Social Dimension of European Trade Policies", *European Foreign Affairs Review*, 14(5), p. 638.
24 *Ibid.*, pp. 632-633.
25 Vandenberghe Jan (2008), "On Carrots and Sticks: The Social Dimension of EU Trade Policy", *European Foreign Affairs Review*, 13(4), p. 562.
26 Bossuyt Fabienne(2009), "The Social Dimension of the New Generation of EU FTAs with Asia and Latin America: Ambitious Continuation for the Sake of Policy Coherence", *European Foeign Affairs Review*, 14(5), pp. 703-722.

【訳注】
1 本文中の「司法裁判所」または「裁判所」とは全て，通称「欧州司法裁判所」と呼ばれることの多い，EU（旧EC）機関の「司法裁判所」（在ルクセンブルク）を指す。
2 EU基本条約の邦語訳は，鷲江義勝編著『リスボン条約による欧州統合の新展開――EUの新基本条約――』（ミネルヴァ書房，2009年）を参照した。
3 専門用語の邦語訳について，下記の文献を参考にした。
   (1) 鷲江義勝「EUの政策決定過程」辰巳浅嗣編著『EU――欧州統合の現在――（第3版）』（創元社，2012年）。
   (2) 伊藤泰介「EUとWTO」辰巳編著・同上書。
   (3) 安江則子「『価値の共同体』としてのEUにおけるフランス」安江則子編著『EU

67

(4) 小山洋司「EU 南東方拡大と西バルカンの課題」『日本 EU 学会年報』27 号（2007 年）98-122 頁。
(5) 山本直「（第 4 章）第三国への政治的コンディショナリティ」同『EU 人権政策』（成文堂，2011 年）。

4 「黙示的権限の法理」の解説は，中西優美子『EU 法』（新世社，2012 年）102-104 頁に詳しい。

【注記】

本章の原文は，GSTOHL Sieglinde, "The European Union's Trade Policy", *Ritsumeikan International Affairs*, Vol.11, pp. 1-22 に掲載した。

第4章　EU対外政策における政治原則の発展
　　　　　——EU諸条約の諸改正をてがかりに——

中西優美子

1　はじめに

　日本とEUは，2011年5月28日の第20回定期首脳協議の後，共同プレス声明をだした。その中で，日本とEUは，関税，非関税措置，サービス，知的財産権，競争及び公共調達を含む双方のすべての共有された関心事項を取り扱う，深く包括的な自由貿易協定（FTA, Free Trade Agreement）・経済連携協定（EPA, Economic Partnership Agreement）と並んで，政治，グローバル，その他の分野別協力を包括的に対象とし，また，基本的な価値および原則への双方の共有されたコミットメントに裏打ちされた拘束力を有する協定についての，交渉のためのプロセス（スコーピング作業）を開始することに合意したとされた。後者がいわゆる政治協定とよばれる協定（現在日EU戦略的パートナーシップ協定と呼ばれている）である。後者の協定は特にEU側が望んだものとされるが，なぜEUはこのような協定を締結することを求めたのであろうか。[1]

　また，EUは，2011年10月にウクライナのティモシェンコ（Y. Tymoshenko）前首相に有罪判決が下されたことを受け，同年12月10日，予定されていたウクライナとEU間の自由貿易協定を含む連携協定の調印を見送った。他方，EUは，ミャンマーの民主化が進んできたことを受け，2012年4月23日にミャンマーに対するこれまで続けてきた制裁を一時停止することを決定した。

　このようなEUの一連の行動には，EU対外政策における政治原則が作用している。本章においては，このEUの政治原則がどこから発生し，どのように

用いられ，どのように発展してきたのかを法的な観点から分析することを目的とする。なお，EUのこの外交政策に関して，「規範的帝国主義（normative imperialism）」と呼ばれることがあるが，本章では，政治原則の価値判断を伴う政治的観点からの分析は行わない。

　検討の順序としては，以下のようになる。まず，EUにおける政治原則の萌芽として，ECSCおよびEEC設立期から単一欧州議定書までにおけるEU（当時EC）の中での人権および民主主義の位置付けを明らかにする。次に，マーストリヒト条約を契機にし，その後，アムステルダム条約およびニース条約を通じた，EU対外政策における変化をEU対外政策における政治的諸原則の試行として示したい。さらに，リスボン条約ならびにそこにつながっていった欧州憲法条約草案および欧州憲法条約における政治原則の形成がどういったものであったかを示したい。最後に，対外政策におけるEUの政治原則が何を意味するのかについて私見を述べることにしたい。

2　EUにおける政治原則の萌芽
――ECSCおよびEEC設立期〜単一欧州議定書――

　EUは，現在でこそモラルを具現化した国際組織としてその対外関係において民主化・人権保護の推進を行っているが，ECSCあるいはEECが設立された当初は，そのような組織としては構築されていなかった。実際，ECSC条約およびEEC条約には基本権カタログは存在せず，賃金における男女平等（旧EEC条約119条）など基本権のほんの一部が断片的に定められているにすぎなかった。また，ECSCおよびEECは経済統合を目的としており，人権の尊重や民主主義の原則を規定する条文も存在しなかった。

　そのような中で，欧州司法裁判所は，初期の判例である1959年のStork事件[3]および1960年のGeitling事件[4]では，基本権保護が問題とされたにもかかわらず，解釈あるいは適用するのはEC諸条約とEC法行為のみであるとし，各国憲法で保障されている基本権に照らして判断を行うことはしなかった。

　しかし，1969年のStauder事件[5]において初めて基本権保障がEU法の一般原

則の一部に含まれるとの判断が欧州司法裁判所により示された。このような判断は，欧州司法裁判所が1964年のCosta v. E.N.E.L事件[6]において，国内法に対するEU法の優位を判示したことからの必然であった[7]。EU法が国内法（憲法を含め）に優位するという判示は，EUの中で基本権が十分に保障されることを前提としていなければならない。そこで，1974年のNold事件において，欧州司法裁判所は，基本権がEUにおける法の一般原則であることを確認した上で，加盟国に共通する憲法的伝統からの示唆に注意を向けることを義務付けられるとし，また，加盟国が署名国となっている国際条約が参考になりうるとした。さらに，1979年のHauer事件においては，欧州司法裁判所は，欧州人権条約に明示的に言及し，その後の判例において，加盟国に共通する憲法的伝統と欧州人権条約の双方に言及することによってEUにおける基本権の保障に寄与してきた[8]。

このように基本権保障に関する判例が発達していく中で，1986年に単一欧州議定書が署名された。その流れを受け，同議定書前文において初めて民主主義と人権につき次のような言及がなされた。「加盟国の憲法および法律，人権および基本的自由の保護のために欧州条約ならびに欧州社会権憲章において認められた基本権，特に自由，平等および社会的正義をよりどころとする，民主主義を共に促進することを決意し……」（前文第4段）[9]，また，「欧州の責任を意識し，……国際連合憲章の枠組みにおいて引き受けた義務に従って世界平和と国際安全保障に寄与するために，民主主義の原則ならびに法および人権の保障を支持する……」（前文第5段）[10]。もっとも同議定書によりEEC条約が一部改正されたが，民主主義や人権に関しては，EEC条約の前文及び本文を含め改正には至らなかった。

この段階においては，EUによる基本権保障と民主主義の尊重については，EUの中に限定され，また，それもその萌芽が見られるにとどまっていたと捉えられる。

3 EU対外政策における政治原則の試行
―― マーストリヒト条約～ニース条約 ――

(1) 民主主義と人権に対する法的支柱

　1986年の単一欧州議定書においては，前文において民主主義と人権が言及されることにとどまっていたが，1992年2月に署名された欧州連合条約（以下，「マーストリヒト条約」とする）では，EU条約およびEC条約（現EU運営条約）の本文に民主主義と人権が規定されることになり，新しい段階を迎えた。[11]これを後押ししたと考えられるのが，1991年の欧州首脳会議の人権に関する宣言ならびに1991年の人権，民主主義および開発に関する理事会および理事会に会合した加盟国の決議であった。[13]なおこれらを受けて，後述するように国際条約において人権条項の挿入が開始されることになった。

　マーストリヒト条約は，欧州司法裁判所の1970年代以降の実行を明文化した。すなわち，旧EU条約F条2項は，「連合は，1950年11月4日にローマで署名された人権および基本的自由の保護のための欧州条約により保障され，かつ各加盟国に共通する憲法上の伝統に由来する基本的権利を共同体法の一般原則として尊重する」と定めた。これにより，EUの対内における基本権保障と民主主義の尊重が法的な基盤を有することになったと捉えられる。なおこの条約改正を受け，理事会はEU自らがこの旧F条2項に言及される欧州人権条約への加入することができるか否かにつき欧州司法裁判所に意見を求めたが，これについては否定的な回答を得た。[14]

　マーストリヒト条約は，この旧EU条約F条2項に加えて，民主主義と人権につき，さらなる2つの規定を設けた。当時EUの第2の柱であった共通外交安全保障政策（CFSP）分野に関する旧EU条約J.1条は，同政策の目的の1つとして，民主主義および法の支配，ならびに人権および基本的自由の尊重を発展させ，強固なものにすることを挙げた。この条文は，後述する現EU条約21条の萌芽とも言える条文である。

　また，EUの第1の柱であったECにおいて，開発協力という新たな分野が

第4章　EU対外政策における政治原則の発展

追加された。同分野の規定、旧EC条約130u条1項は、「この分野における共同体政策は、民主主義および法の支配、ならびに人権および基本的自由の尊重の発展および強化という一般的目的に寄与しなければならない」と定めた。この規定が後述する人権条項の挿入に対する直接的な法的基盤となった。

マーストリヒト条約によりEEC（欧州経済共同体）のE（経済）が削除され、EC（欧州共同体）になった。欧州委員会は、マーストリヒト条約による規定の変更は本質的に経済共同体から政治的組織への発展の決定的な進歩を示すものであると捉えたが[15]、実際、このような法的な支柱を得て、EUの対外関係においても変化が表れ始めた。その変化は、1992年以降、EUが第三国と締結するすべての国際条約に人権条項（human rights clause）を挿入するということに見られた[16]。

(2) 人権条項の挿入

開発協力政策の主要な対象国は、フランスやイギリスを中心とした旧植民地国である、アフリカ、カリブ、太平洋諸国（ACP諸国）である[17]。

EU（当時EC）は、ACP諸国と1963年にカメルーンの首都ヤウンデで連合協定を締結し、その後、1969年にヤウンデⅡ協定を締結した。イギリスが加盟した後、トーゴのロメで締結されたロメ協定は、5年ごとに締結され、それぞれロメⅠ、ロメⅡ、ロメⅢ、ロメⅣ協定と呼ばれた。

ロメⅣ協定は、単一欧州議定書署名後の1989年12月15日に締結され、その5条では、初めて人権の尊重への言及がなされた[18]。しかし、そこでは単なる言及にとどまった。

その後、マーストリヒト条約発効後の1995年11月4日にモーリシャスで同協定を修正する協定に署名された[19]。同修正協定によりロメⅣ協定の5条が修正された。修正された5条において、人権、民主主義および法の支配の尊重が同協定の本質的な要素（essential element）であると定められた。単に人権等に言及するのではなく、人権、民主主義および法の支配の尊重が協定の本質的要素であると定めたことは重要な意味をもつ。このように定めることでこれらに対する違反がある場合には、国際法（ウィーン条約法条約60条）に基づき協定を終了させることが容易になることを意味する。

また，同協定に366a条が追加され，そこでは，修正された5条に定められる本質的要素を尊重する義務違反がある場合には，特別な緊急の場合を除き，協議を行うことが定められ，さらに，場合によっては同協定の一部または全部の停止を含む必要な措置をとることができることが定められるに至った。このように規定することでよりスムーズな形で措置をとることができることとした。

　このような人権条項の挿入は，人権，法の支配および民主主義の原則がEUの政策，特に対外政策において重要性を有するようになってきたことを背景としている[20]。これは，紛争の予防と平和の構築にとって民主主義を基礎とする政府の存在が必要であることをEUが認識するようになったことからくる。

　また，これに関連して，改正され追加されたロメⅣ協定の224条（m）は，民主化と法の支配を意図した機構的・行政的改革措置に対する支援を定めた。これは民主主義および法の支配の発展のために積極的な支援とその遵守を厳格に求める「あめとむち」（carrot and stick）アプローチが導入されるようになったことを表している[21]。

　ACP諸国以外の第三国ともEU（当時のEC）は，拡大政策，近隣政策，開発援助，経済・技術協力などの文脈で人権条項を含む協定を締結してきた。これについて，欧州委員会は，次のように述べた[22]。1989年のロメⅣ協定に見られるように人権への言及があったとしても，人権に対する重大な違反や民主主義プロセスの中断の場合における協定の停止や破棄の明確な法的な基礎が定められていなかった。この問題を対処するために民主主義原則および人権を「本質的要素」（essential element）と定義する条項をブラジル，アンデス諸国，上述したバルト海諸国およびアルバニアとの協定に挿入するようになった。また，このような条項を挿入することで，人権の重大な違反や民主主義のプロセスの中断がウィーン条約法条約60条に定められる「重大な違反（material breach）」を構成することになり，同条約65条に定められる手続的条件の下で条約の一部または全部の停止をすることができるようになった，と。さらに，欧州委員会は，1992年5月以降は，全欧安保協力会議（CSCE, Conference on Security and Cooperation in Europe）（1995年以降欧州安全保障協力会議（OSCE, Orgarization for Security and Cooperation in Europe）に発展）諸国と締結したすべての協定は，「本

第4章　EU対外政策における政治原則の発展

質的要素」条項に加えてそれに違反した場合の不遵守条項である，革新的規定（innovative provision）を含んでいることを示した。なお，不遵守条項につき，理事会は次のように述べている。人権と民主主義の尊重が協定の本質的要素を構成すると規定する条項は，分野別協定及び先進国との協定を除く，すべての第三国との協定において標準条項として含まれてきている。この条項の下での制裁は，人権のまたは民主化過程における重大な違反に対してなされうる。しかし，この条項の主要な役割は，EUに第三国と人権および民主主義事項に関する積極的なかかわりの基礎を与えることである。このため，欧州委員会は，数多くの諸国と人権の小委員会または作業部会を設定してきた，と。以下に不遵守条項の例を示すことにする。

マーストリヒト条約署名後の1992年にバルト海諸国であるエストニア，ラトビア，リトアニアと貿易，通商および経済協力に関する協定を締結した。そこには，それぞれ1条において，ヘルシンキ最終議定書および新ヨーロッパのためのパリ憲章により設定される民主主義の原則および人権の尊重は，共同体（EC）とエストニア，ラトビア，リトアニアの対内および対外政策に示唆を与え，当該協定の本質的要素を構成すると定められた。また，同時に21条3段において，当事者は，協定の本質的規定の重大な違反が発生した場合には，即座に協定の全部または一部を停止する権利を留保するという規定が盛り込まれた。これは，即座の効果を有する，いわゆる「バルト条項」（Baltic clause）と呼ばれるものである。本質的な規定の重大な違反が存在する場合には，協定の全部または一部の適用の停止を可能とする明示的な停止条項である。

また，ECと加盟国がブルガリアと連合を設立するヨーロッパ協定においては，6条において同様に民主主義の原則と人権の尊重が本質的要素を構成すると定められる一方で，118条において，次のように定められた。一方の当事者が義務違反を行っていると考えるときは，他方の当事者は適当な措置をとることができる。特別な緊急の場合を除き，そのような措置をとる前に，同当事者は両当事者に受容可能な解決を探る目的で状況の審査に必要となるすべての関連情報を連合理事会（Association Council）に供しなければならない。措置の選択においては，協定の機能をもっとも侵害しないようなものが優先されなけれ

ばならない。それらは，措置は直ちに連合理事会に通知され，もし他の当事者が望めば連合理事会の中で協議が行われなければならない。これは，いわゆる「ブルガリア条項」（Bulgarian clause）と呼ばれるものである。「バルト条項」が即座の協定の停止を予定しているのに対して，緊急の場合を除き，ワン・クッションおいてから措置がとられることになっている。当事者が義務を履行しなかった場合には，緊急の場合を除いて，一般的な不遵守条項に従い，協議手続に入ることになる。[25]

これらのように第三国との協定に人権条項を含ませるという実行がマーストリヒト条約を契機に広がってきた。しかし，このような実行において協定に差異が存在することを踏まえ，欧州委員会は，2005年に共同体のアプローチの一貫性，透明性および可視性を改善すべく，モデル規定を「共同体と第三国間の協定における民主主義の原則と人権の尊重の包含」と題されるコミュニケーション文書の中で示した。[26]

(3) 人権条項をめぐる法的問題

ここでは，人権条項をめぐる法的な問題を以下で3つ取り上げておきたい。1つ目は，人権条項と不遵守条項がまだ導入されていなかった頃の事件である。2つ目と3つ目は，特に，マーストリヒト条約発効以降第三国との協定における人権条項の挿入の実行が広がり，それに伴い発生した法的問題を扱っている。

(a) C-162/96（協定停止）事件

1980年にEECとユーゴスラビアは，協力協定を締結した。[27] その後，同協定への1987年の追加議定書の4条により同協定が修正され，ユーゴスラビアからのワインの輸入関税が30％引き下げられることになった。その後，ユーゴスラビアでの政変が国際平和と安全の脅威を生み出しているとの国連安全保障理事会の決議があった。EUでは，ECとユーゴスラビアの間の前述した協力協定の下で，状況において急激な変化があったとして，1991年に同協定による貿易譲与を停止する理事会決定3300/91を採択した。そこで，コソボからワインを輸入していた貿易商社Racke有限会社は，同決定後，追徴税を課税されたことに対して，不服申し立てを行った。ドイツ財政裁判所は，状況における根本

第 4 章　EU 対外政策における政治原則の発展

的な変化が生じたために同決定は正当化されるとし，訴えを棄却したが，Racke はドイツ連邦財政裁判所に上訴した。1996年，同裁判所は，当該理事会決定の有効性につき欧州司法裁判所に先決裁定を求めた。[28]

　ユーゴスラビアと EC との協力協定には，協定の停止を定める条項は含まれていなかったが（いわゆる人権条項も含まれていなかった），欧州司法裁判所は，状況の根本的な変化の理由による条約関係の終了および停止に関する慣習国際法の法規が，EC（現 EU）機関を拘束し，共同体（現 EU）法秩序を構成するとした上で，平和の維持が協定の開始と継続にとっての本質的な条件を構成しており，紛争が生じたことは協定の重大な違反となり，協定の停止を定める当該規則は有効であると判示した。

　本件では，協定には停止条項が規定されていなかったため，慣習国際法を法典化したといわれるウィーン条約法条約62条および65条が用いられたが，この事件を機に，EC が第三国と締結する条約には明示的な停止条項を挿入する必要性が再認識されることになったとされる。[29] もっともバーバラ・ブラントナー（B. Brandtner）とアラン・ローサス（A. Rosas）が指摘するように，二国間の相互の権利義務を規定する協定が単に停止条項を含むだけで問題が解決するわけではない。[30] 現在用いられている停止条項は，違反があったから直ちに協定の全部または一部が停止になるのではなく，双方の，場合によっては，そこに仲介機関を入れて，協議し，解決案を探るべきことを定めており，また協定の停止は最終手段であることが強調されている。

(b)　C-268/94（人権規定の法的根拠）事件

　EC は，インドとの間でのパートナーシップと開発に関する協力協定の締結にあたって，1994年7月18日に理事会決定94/578を採択した。同決定は，通商政策に関する旧 EC 条約113条（現 EU 運営条約207条）と開発協力政策に関する130y 条を法的根拠条文としていたが，ポルトガルはこれらの法的根拠（権限付与）条文では，同協定を締結するのに権限が不十分であるとして，同決定の無効を求めた。[31] ポルトガルの主張は，人権に関する規定，また，様々な協力の個別分野に関する規定について協定を締結するのに必要な権限がそれら2つの権限では不十分であり，旧 EC 条約235条（現 EU 運営条約352条）を追加的に法的

77

根拠条文とすることとすべての加盟国の参加が必要であるというものであった。

　ここでは，当該協定が人権および民主主義の原則を規定していることが旧EC条約130y条の権限付与範囲を超えているか否かについての裁判所の判断を取り出すことにする。

　まず，当該協定は，1条1項において，「人権と民主主義の原則の尊重は，締約当事者間の協力および本協定の規定にとっての基礎であり，協定の本質的要素（essential element）」を構成すると定めていた。これに関して，欧州司法裁判所は，次のように判示した。[32]当該協定の1条1項が人権および民主主義の原則の尊重が本協定の本質的要素であると定めているという単なる事実は，同規定が旧EC条約130u条2項に定められている目的を超えているという結論を正当化しない。旧EC条約130u条2項のまさに文言が，人権および民主主義の原則の尊重の重要性を示しており，中でも開発協力政策はそれらの権利および原則の尊重の必要性に適合しなければならない。当該協定の1条1項のような規定は，第三国が人権を侵害した場合に開発協力協定を停止または終了させる権利の行使にとって重要な要因になることを心に留めておくべきである。さらに，人権および民主主義の原則の尊重に関する問題は，同協定に定められる協力の特別の分野（specific field）ではない。よって，当該決定は，旧EC条約130y条を有効に法的根拠とすることができた，と。

　この判示は，特にマーストリヒト条約以降，増加してきた第三国との協定に人権条項を挿入するというEU（当時EC）の行為にEU法上のお墨付きを与えるものであったと捉えられる。ステーブ・ペールズ（S. Peers）は，この判示につき，欧州司法裁判所は，旧EC条約235条に依拠することなく，開発協力協定の中に人権停止条項を含む人権条項の正当性を確認したとし，また，旧EC条約130y条2項の「この分野における共同体の政策は，民主主義および……人権および基本的自由の保障という目的に寄与する」という文言につき，開発協力政策における人権保護への寄与を確保するという条約の目的を人権保護に服するという義務に変換したと解した。[33]

(c)　C-106/96（財政援助の法的基礎）事件

　第三国における紛争の防止と政治的安定につながるという認識の下，EUは

対外政策において人権および民主主義の原則の尊重を戦略的に導入するようになった。その際，民主化のために財政援助を行うという，いわゆる「あめとむち」アプローチを実施し始めた。その「あめ」である財政援助の法的な基盤が問題となったのが，C-106/96（イギリス対欧州委員会）事件である。[34]

イギリスは，社会的排除対処のためのヨーロッパプロジェクトに対する交付金を通知する欧州委員会のプレス・リリースにおいて言及された決定の無効を求めた。

社会的行動計画に関する1974年1月21日の決議の採択以来，理事会は旧EC条約235条に基づき貧困及び社会的排除に対処する種々のプログラムを立ち上げた。1975年の理事会決定75/458に始まり，事件当時の最後の決定は1989年の理事会決定89/457であった。同決定2条の下での貧困プログラム3の諸目的を達成するために，欧州委員会に財政援助する権限が与えられていた。その行動を継続および拡大するために，欧州委員会は，1993年に社会的排除に対処し連帯を促進する中期の行動計画を設定する理事会決定案（以下，「貧困プログラム4提案」とする）を提出した。1995年6月までに，貧困プログラム4提案は理事会により採択されなかった。1995年のEUの一般予算の項目B3-4103は，貧困及び社会的排除に対処するために2000万ECU（現在Euro）の支出が計上されていた。それは，貧困プログラム4提案における支出と他のプログラムの支出の両方を対象とするものであった。1995年において，欧州委員会は，その予算項目の下で，総額約600万ECUの基金を決定したことが問題となったプレス・リリースから明らかであった。

イギリスは，欧州委員会の権限の欠如と旧EC条約4条（現EU条約13条）違反，また，本質的な手続要件の違反により，プレス・リリースに言及される86のプロジェクトに資金を供給する決定の無効を求めた。欧州司法裁判所は，欧州委員会は，予算項目B3-4103の下で当該プレス・リリースに言及されるプロジェクトに資金供給するのに必要な支出をする権限を有しておらず，旧EC条約4条1項に反して行動したので，同支出を約束する決定は無効とされなければならないとした。

この判示により第三国に対して財政援助を行う場合には，欧州委員会に権限

を付与する理事会の決定が必要であることが明らかになった。これについての対処は後述する。

(4) アムステルダム条約，ニース条約およびEU基本権憲章
(a) アムステルダム条約

マーストリヒト条約によりEUにおける人権および基本権保障がEU条約およびEC条約本文に規定されるようになり，EUにおけるそれらの保障は大きく進んだが，さらなる進展がアムステルダム条約，ニース条約およびEU基本権憲章によりみられることになった。

1997年10月に署名され，1999年5月に発効したアムステルダム条約は，人権および民主主義に関して，EU条約に変更を加えた。

まず，1点目が，「連合は，加盟国に共通な諸原則である，自由，民主主義，人権および基本的自由の尊重，ならびに法の支配の諸原則を基礎とする」という条文が追加されたことである（EU条約6条1項）。EU自体が民主主義などのこれらの諸原則を基礎とするという，また，それらの諸原則が加盟国に共通の諸原則であるという，明確な位置付けがなされた。これは，後述する現行EU条約2条につながる条文である。

2点目が，EU条約7条である。7条は，EU自体が民主主義などの諸原則を基礎とすることを裏付けるために，EU条約6条1項に定められる諸原則に違反するEU加盟国に対して，当該国政府代表の投票権を含め，一定の権利の停止を行うという，制裁権を導入した。

3点目は，EU条約46条の改正である。EU司法裁判所の管轄権は，当時，原則的にEC諸条約に限定され，EU条約の中の規定には及ばないことになっていたが，EU条約46条が改正され，EU条約6条2項については，EU司法裁判所が管轄権をもつことが定められた（EU条約46条d）。このことは，EU条約6条2項，つまり基本権の尊重がEU司法裁判所の司法審査の対象となったことを意味する。[35]

4点目は，EU条約49条の改正にかかわる。マーストリヒト条約以降，民主主義や人権の尊重が重視されるのに伴い，また，旧共産諸国であった東ヨーロッパ諸国の加盟が将来予定されていたこともあり，1993年5月のコペンハーゲン

欧州首脳理事会において，加入条件として，①政治的基準，②経済的基準および③共同体既得事項（アキ・コミュニテール）の受諾の3条件がだされた。この第1の政治的基準（political criteria）は，民主主義，法の支配，人権および少数民族の尊重と保護を保障する機関の安定性を達成しなければならないというものであり，この条件を満たすことが加入交渉開始の前提条件となった。このコペンハーゲン基準を確認したととらえられるのが，EU条約49条の改正である。この改正により，EUに加盟を希望する諸国に対して，加入条件として，EU条約6条1項に定められている諸原則の尊重が明示的に条約条文の中に定められることになった。

アムステルダム条約によるこれらの改正により，EU条約6条1項に掲げられる諸原則を加盟国の共通の諸原則とし，既にEUの中にいる加盟国にそれらの諸原則の遵守を求め，それと同時に，中に入ってくる新加盟国にも同様にそれを求めることで，EU自体が民主主義および人権の尊重を柱にする政治的組織となった。

(b) ニース条約とEU基本権憲章

2001年2月に署名され，2003年に発効したニース条約により，人権および民主主義について，さらにEU条約およびEC条約に変更が加えられた。

まず，挙げられるのが制裁権を定めたEU条約7条である。オーストリアにおいて極右政党が連立の一翼を担うことになり，それにより民主主義や人権の尊重が脅かされるのではないかという危惧が生じ，EU条約7条の適用が考えられた。実際には，制裁権というのは発動されなかったが，その時の検討からより適用しやすいものにするという観点においてEU条約7条が改正された。

次に，旧EC条約181a条（現EU運営条約212条）の追加である。EC条約の中に，第三国との経済，財政および技術的協力という，新たな編が追加され，旧EC条約181a条が挿入された。同条1項は，第三国との経済的，財政的および技術的協力の措置を実施するとし，開発協力政策（旧EC条約177条（現EU運営条約208条））と同様に，民主主義および法の支配の発展と強化の一般的目的ならびに人権および基本的自由の保障の目的を追求することに寄与すると定めた。

さらに，2000年12月に開催されたニース欧州首脳理事会では，ニース条約に関する合意がなされたが，それと同時にEU基本権憲章が欧州議会，理事会および委員会により厳粛な宣言としてだされた。EU基本権憲章は，基本権カタログが定められた，前文と54カ条からなる文書である。当時は，まだEU基本権憲章には拘束力が認められなかったが，その存在自体が，EUが民主主義や人権の尊重を基礎とすることに対する実質を与えることになった。

(5)　1998年以降の実行における変化

　1997年に署名されたアムステルダム条約により，民主主義および人権の尊重などの諸原則が，EU自体が基礎とする原則として位置づけられるようになった。このようなEU対内における変化に伴い，対外関係における民主主義および人権の尊重政策にも変化がみられるようになった。

(a)　援助に対する法的基盤の充実

　上述したC-106/96（財政援助の法的基礎／イギリス対欧州委員会）事件において，欧州司法裁判所は，欧州委員会は第三国に対して財政援助をする場合には理事会の決定が必要であることを明らかにした。この判示を受け，その後1999年4月29日に，欧州委員会の財政援助に対して法的基盤を与える，2つの理事会規則975/1999[38]と976/1999[39]が採択された。これらの規則が採択されたことにより，欧州委員会の人権活動に対する法的基盤の問題が解決した[40]。前者は，民主主義および法の支配の発展と強化という一般的目的ならびに人権の尊重と基本的自由のそれに寄与する開発協力活動の実施に対する必要要件を定める規則である。後者は，対外政策において開発協力以外の共同体の活動の実施に対する要件を定める規則である。前者の規則975/1999は，旧EC条約130w条（現EU運営条約209条）を法的根拠条文にして採択され，後者の規則976/1999は，旧EC条約235条（現EU運営条約352条）を法的根拠条文にして採択された。

　規則975/1999の2条および規則976/1999の3条は，欧州委員会が，普遍的人権宣言ならびに民主主義および法の支配の発展および強化に関する他の国際文書に宣言される人権および基本的自由を促進し，守ることを意図した活動のために技術的かつ財政的援助を与えると定めた。これらの理事会規則の採択により，欧州委員会は第三国に対する財政援助の法的な基盤を得たことで，人権・

民主主義活動に必要な明確性と権限を与えられることになり[41]、第三国に対する人権の促進および民主化支援と財政援助を結びつける「あめとむち」アプローチをEU法上合法的に進めることができるようになった。

　理事会規則975/1999と976/1999は、NGOおよび国際組織とのパートナーシップの中で実施される、人権、民主化および紛争予防活動を支援するために、民主主義および人権のための欧州イニシアティブ（EIDHR, European Initiative for Democracy and Human Rights）として知られているものの法的基盤となった[42]。もっとも、理事会規則975/1999と976/1999は、2004年12月31日までが有効期限と設定されていたので、それをいったん2006年12月31日まで延長した上で、2006年12月20日に両方を統合した措置、世界規模での民主主義と人権の促進のための財政手段を設定する欧州議会と理事会規則1889/2006が新しく採択された[43]。同規則は、2007年7月1日から2013年12月31日まで有効である。開発協力政策に関する旧EC条約179条1項（現EU運営条約209条）とニース条約により追加された、第三国との経済的、財政的および技術的協力に関する旧EC条約181a条2項（現EU運営条約212条）を法的根拠条文にした。

(b) 機構の改革

　対外関係における人権政策強化のため、欧州委員会内部でも機構改革が進められた。1999年の新しい欧州委員会の任命後、行政の再編成が行われ、対外関係のための新たな事務局Directorateと欧州委員会委員が設定された[44]。つまり、人権保護の促進に責任をもつ欧州委員会委員が誕生した。また、事務局Directorateにおいて人権および民主化ユニットが人権および欧州委員会における調整に対して責任をもつようになった。

(c) 人権および民主主義の主流化（mainstreaming）

　欧州委員会は、2001年に「第三国における人権および民主化を促進するにあたってのEUの役割」と題される、COM文書を公表した[45]。そこでは、第三国との人権および民主化目的を「主流化」（mainstreaming）することが書き込まれた。

　欧州委員会のこのCOM文書を受けて、理事会における人権に関する作業部会（COHOM）は、2001年6月に開発援助に関する作業部会と協議しつつ、第

三国における人権および民主化を促進するにあたっての EU の役割に関して決議草案を準備した[46]。その中で，EU の対外および対内政策のすべての側面において人権および民主化の「主流化」が強化されるべきであるとの見解が示された[47]。また，人権および民主化が EU のすべての政治的対話および第三国との二辺関係において，体系的にかつ多様なレベルにおいて含まれるべきであるとされた。さらに，人権条項および財政的インセンティブというような EU の手段を用いるべきであるとされた[48]。

(d) **発展形としてのコトヌー協定**

1995年の COM 文書（COM（95）216）で示されたモデル規定をさらに発展した形で用いられているのが，2000年6月23日に署名された ACP 諸国とのコトヌー協定である[49]。

コトヌー協定では，民主主義，人権および法の支配に関する規定が重要な役割をしており，「政治的側面」と題される第2編（8条～13条）の9条2項4段において「ACP と EC のパートナーシップを支える，人権，民主主義の原則および法の支配の尊重は，当事者の対内および対外政策を支持し，かつ本協定の本質的要素（essential elements）を構成する」と定められた。

また，同協定96条においては，次のように定められた。当事者の一方が他方の当事者が第9条2項に定める人権，民主主義の原則および法の支配に対する尊重から生じる義務を怠ったと考える場合，特別の緊急の場合を除いて，他方の当事者および閣僚理事会[50]に当事者に受け入れ可能な解決を探るために状況の徹底的な審査に必要とされる関連情報を与えなければならない。また，一方の当事者は，事態の打開をはかるため関連当事者によりとられるまたはとられるべき措置について的を絞った協議を行うように他方の当事者を招集する。特別の緊急の場合というのは，9条2項に定められる本質的要素の1つのとりわけ重大でかつ目にあまる侵害という例外的な場合のことであると規定されている。

さらに，同協定97条では，次のように定められた。当事者の一方によりとられる措置は，事態の重大さに比例するものでなければならない。また，措置の選択においては，本協定の適用をできるだけ妨げないものが優先されなければならない。停止は，最終手段であると理解される，と。

コトヌー協定は、これまでの、人権条項のための1カ条およびその不遵守に対する1カ条のみが協定に含まれている形とは異なり、「政治的側面」と題される編がおかれ、人権等に言及する条文も数多く含まれている。さらに、不遵守に対する条文も、上述した「ブルガリア条項」をさらに発展させたものとなっており、手続が詳細で、かつ示唆にとむ内容が規定されている。コトヌー協定は、マーストリヒト条約後リスボン条約前の段階における完成形と捉えられる。

4 EU対外政策における政治原則の確立
―― 欧州憲法条約草案～リスボン条約 ――

マーストリヒト条約、アムステルダム条約およびニース条約により人権および民主主義の原則の尊重は強化され、EUの対内に対してだけではなく、対外的にも第三国との協定の中に人権条項を挿入するという形で実行されてきた。この実行に対し、より強力な法的な基盤を与えたのが、現行のリスボン条約により改正されたEU条約21条である。ここでは、それに至る過程を振り返りつつ、政治原則を見ていきたい。

(1) 欧州憲法条約草案からリスボン条約まで

(a) 作業部会「対外行動」

2001年2月26日にニース条約が署名されたが、同年12月のラーケン欧州首脳理事会において、「EUの将来に関するラーケン宣言」がだされた。「ラーケン宣言」においては、ニース条約署名時において積み残された問題を検討する、欧州の将来のための諮問会議（以下コンベンション）を招集することが決定された。コンベンションは、2002年2月28日から開始され、2003年7月10日に欧州憲法条約草案を欧州首脳理事会に提出して、任務を終了した。

コンベンションにおいて11の作業部会が作られたが、そのうちの1つが「対外行動」であった。作業部会「対外行動」は、次の5つを取り掛かる項目として挙げた。[51] ①外交政策の行動を1つの編にまとめること、②EUの対外政策の一般的な原則と目的の確定、③欧州首脳理事会によるEUの対外政策の戦略的利益と目的の確定、④EUの権限に入る協定締結の根拠づけ、⑤機関と行動者

の間の一貫性と効率の確保と改善である．以下，作業部会における2番目の項目，「EUの対外政策の一般的原則と目的の確定」についての議論を追っていくことにする．ここで，注目されるのは，この最初の段階で対外政策のための一般的な原則と目的を確定することがすでに目標とされていたことである．

　コンベンションの初期において，コンベンションの総会に関し次のことが報告された[52]．多くの者が，EUが基礎とする諸価値が国際的な場においてより強力に行動するための根拠となり，また，これら諸価値はEUの対外政策の行動の基礎を形成し，それらが浸透すべきことを強調した．加えて，数人のコンベンションの構成員が国連憲章の基本原則を維持する必要性を述べた．このことから諸価値を設定することがEUの対外政策の実施に対して不可欠であることが幅広く認識されていたことが理解される．

　このコンベンション総会を受け，2002年9月10日付の文書において，作業部会「対外行動」の長を務めたジャンルック・デハーネ（J.-L. Dehaene）は，次のように述べた[53]．国際的な場におけるEUの統一的な登場には，多くのメリットがあることがコンベンションの総会で確認された．強力に統一されたEUのみが，EUの政治的かつ経済的利益を保護し，最も内部において結び合わせている価値を防御することができる，と．

　コンベンションの構成員であるエルマー・ブロック（E. Brok）は，作業部会「対外行動」の長であるデハーネに宛てた文書において次のように述べた[54]．国際的な場，特に，EUが協力および連合協定を通じ特別の関係を維持するすべての第三国において，権利および自由の強化ならびに民主主義と法の支配の諸原則の確認を基礎とした外交政策のみがEUに平和，安定および自由への脅威に打ち勝つことを可能にするだろうと．また，同じくコンベンションの構成員である，アラン・ラマスーレ（A. Lamassoure）は，EUが対外政策において広範囲の権限を付与されているのであれば，EUが，世界に対してその目的と原則を正確に示さなければならないという認識を示した[55]．

　2002年10月5日付の作業部会の文書において，EU対外行動の原則および目的について以下の草案が示された[56]．

第 4 章　EU 対外政策における政治原則の発展

「1．国際的な場における EU の行動は，その自らの創設，発展および拡大を呼び起こしたまさに諸価値によって導かれ，より広い世界において前に進むことが意図されている。その諸価値とは，民主主義，法の支配，人権と基本的自由の普遍性と不可分性，連帯，主権国家の独立の尊重，意見と機会の自由，貧困と恐れからの自由である。

　連合は，その諸価値を共有する，すべての国家，地域または地方の組織との関係を発展させ，パートナーシップを構築することを求める。また，共通の問題に対する多角的な解釈を求める。すべての国際組織を十分に尊重し，国連憲章にそって行動する。

　2．EU は，権限が自己に付与されたところで対外関係のすべての分野において共通の政策を定め，追求する。加盟国にまだ責任が残っている分野では，もっとも密接な協力でかつ最大限の共同行動をとる。

(a) EU の利益，独立と一体性を維持する。
(b) 民主主義，法の支配，国際司法と人権を強化し，支援する。
(c) 国際貿易の制限の廃止を含む，すべての国の世界経済への統合を促進する。
(d) 発展途上国の経済的社会的発展を促進し，世界，特に最貧発展途上国の貧困を減らす。
(e) 人災または天災にあっている共同体，国，地域を援助する。
(f) 環境とグローバル国際資源を維持し，持続可能な発展のための国際的措置を発展させる。
(g) 国連憲章の原則に従って平和を維持し，国際安全保障を強化する。

　3．いくつかの EU の対内政策は対外的な側面を有する。そのような側面を検討するとき，上に掲げた目的を考慮に入れる。」

　この草案には，後のリスボン条約における関連条文，EU 条約21条の枠組的基礎がみられる。

　この草案について幾人かのコメントがだされた。ミシェル・アトリデス（M. Attlides）は，国連憲章の原則に従って行動すると言及することに加えて，安全保障理事会の決議の実施に寄与することを書き込んではどうかという修正提案をだした。[57] ミシェル・バルニエ（M. Barnier）は，対外活動における原則を正確にし，共通対外政策の内容を規定することが必要であると述べた。[58] ボビー・マックドナー（B. McDonagh）のコメントは次のようなものであった。[59] 対外行動における EU の原則と目的を定める任務は複雑でセンシティブである。この種の規定は，EU 対外関係の基礎となる定義にとどまらず，EU の市民および世界に対する当該原則の表示を意味することになるだろう。よって，これは，この作業部会およびその他においても最も注意深い考慮を必要とする。われわ

れの原則および目的に関する規定は包括的であることが重要である。特に，国連憲章への言及が，諸原則の陳述および目的に関する部分の両方において重要な意味をもつ。EUにおいて共有する基本的価値は世界中の人によって共有される普遍的な価値であることを明確にすべきである，と。

2002年11月8日付の作業部会の最終報告書案では，次のように述べられた[60]。作業部会では，どのように共通の利益を明確し，国際的な場でEUの行動の優先事項を設定するかについて意見交換をしたこと，また，幾人かのメンバーが，市民およびEUのパートナーに対して，条約か厳粛な宣言の形で，EUの対外行動のすべての分野に適用される諸原則および一般的目的を定める必要性の指摘があったことが示された[61]。また，いったんすべての諸原則と目的が設定されると，共通利益を定め，それらを防御しうる戦略に合意することが容易になるだろうという認識が示された[62]。

2002年12月16日付文書において，作業部会の最終報告書とそれについての説明が示された[63]。まず，作業部会では，EUの対外行動の基礎におかれる原則と一般的な目的が条約の中に市民およびEUのパートナーにとっても明確であるように定められることの必要性について幅広い合意に至ったとした[64]。説明にあたる部分では，中心的な問題は，EUが役割を果たすべきか否かの次元ではなく，むしろ基本的な価値を効果的でかつ一貫性のある方法で促進し，共通利益を代表し，世界において平和，安全および持続可能な発展の目的に寄与するためにはEUがどのように自らを組織すべきかということであるとの認識が示された[65]。また，作業部会は，EUの対外政策の行動のすべての分野が基礎とする原則と目的を条約において市民とEUのパートナーにとって容易に分かりやすい形でより正確に確定されなければならないことを強調した[66]。

(b) 欧州憲法条約草案と欧州憲法条約

上述した作業部会の最終提案を受け，2003年7月10日に提出された欧州憲法条約草案では，第5編にEUの対外行動という編がおかれ，1章「一般的適用性を有する規定」の第Ⅲ-193条に政治原則が定められた。この政治原則は，上述した作業部会「対外行動」が提案したものを基礎としており，枠組みも内容もそれを踏襲するものとなっている。

欧州憲法条約草案は，その後の政府間会議を経て，2004年10月29日に欧州憲法条約という形で署名された。欧州憲法条約においては　第5編に連合の対外行動がおかれ，その1章「一般的に適用される規定」の第Ⅲ-292条に政治原則が定められた。この枠組みと内容は，欧州憲法条約草案の条文が採用された。

(2) リスボン条約

(a) リスボン条約と人権および民主主義の原則

欧州憲法条約がオランダおよびフランスにおける国民投票において否決され，発効の見込みが立たなくなった。それに代わり，ドイツのアンゲラ・メルケル（A. Merkel）首相が中心となってまとめたのが改革条約（reform Treaty）であった。改革条約は，リスボンにおいて，リスボン条約として2007年12月13日に署名された。アイルランドにおける国民投票で否決されたが，その後，再度行われた国民投票で可決され，2009年12月1日に発効した。

リスボン条約は，形式的には欧州憲法条約から国家の要素を排除したが，実質的には欧州憲法条約の内容を引き継いだものとなっている。リスボン条約により，人権および民主主義の原則について，大きな変更がなされた。

第1に，EU基本権憲章にEU条約およびEU運営条約と同等の法的価値が与えられた。すなわち，EU基本権憲章は法的拘束力を有することになった（EU条約6条1項）。

第2に，EUが欧州人権条約に加入することが規定された（EU条約6条2項）。

第3に，EU条約第2編「民主主義の原則に関する規定」と題される新たな編が創設された。これによりEU市民および国内議会がEUの意思決定過程に参加する機会が強化されることになった。

第4に，EUの諸価値の設定である。上述したようにアムステルダム条約によるEU条約の改正により，「連合は，加盟国に共通な諸原則である，自由，民主主義，人権および基本的自由の尊重，ならびに法の支配の諸原則を基礎とする」という条文が追加された（旧EU条約6条1項）。他方，リスボン条約により，「連合は，人間の尊厳，自由，民主主義，平等および法の支配の尊重，ならびに，少数者に属する人々の権利を含む人権の尊重という価値を基礎にする。……」という条文が，EU条約2条に定められることになった[67]。大きな相

違は，EUの諸原則がEUの諸価値に格上げされたことである。価値であるということで，これらの事項がEU自体にとってより根本的な基盤として位置づけられたことになった。2つ目の相違は，人間の尊厳など，これまで列挙されていなかったものも価値として列挙されることになったことである。

第5に，政治原則と直接関係する，EUの対外行動に関する変更である。これまでEUの対外行動は条約の中に散在する形で定められていたが，リスボン条約によりEU条約5編（21条〜46条）およびEU運営条約第5部（205条〜222条）に独立した編や部が設定されることになった。対外行動においてEUが遵守すべき諸原則がEU条約21条1項に規定されることになった。これについては，次に見ていくことにする。

(b) EU条約21条

欧州憲法条約のIII-292条の枠組みと内容を引き継いでいるのが，2007年12月13日に署名され，2009年12月1日に発効したリスボン条約により改正されたEU条約21条である。結局，上述した欧州憲法条約草案作成のためのコンベンションの作業部会が最初の段階で対外政策のための一般的な原則と目的を確定することを目標設定し，2002年10月5日付の文書において作業部会が最初に示したEU対外行動の草案の枠組みと内容が若干の修正を受けつつもEU条約21条に直接つながっていることが読みとれる。

EU条約21条は，以下の通りである。

「1．連合の行動は，連合自らの創設，発展及び拡大を支えてきた諸原則に導かれ，より広い世界においてそれらを前進させることを目指すものである。その諸原則とは，民主主義，法の支配，人権と基本的自由の普遍性および不可分性，人間の尊厳の尊重，平等および連帯の原則，ならびに，国際連合憲章および国際法の諸原則の尊重である。
　連合は，前段に定める諸原則を共有する第三国および地域組織または国際組織との関係を発展させ，連携を構築することを目指す。連合は，とりわけ，国際連合の枠組みにおける共通の問題に対する多角的な解決を促進する。
　2．連合は，次の事項のため，共通の政策および措置を確定し，実施，ならびに国際関係のすべての分野における行動な協力に向けて尽力する。
　(a)連合の価値，基本的利益，安全，独立および不可侵を保護すること，
　(b)民主主義，法の支配，人権および国際法の諸原則を確固たるものにし，支援する

第4章　EU対外政策における政治原則の発展

　　こと，
　(c)国連憲章の目的および諸原則，ヘルシンキ最終議定書の諸原則，ならびに対外国境に関する原則も含むパリ憲章の目的に従い，平和を維持し，紛争を防止し，国際安全保障を強化すること，
　(d)貧困の撲滅を主目的として，発展途上国の持続可能な経済的，社会的および環境的発展を促進すること，
　(e)国際貿易の制限の漸進的な廃止などを通じて，すべての国家の世界経済への統合を奨励すること，
　(f)持続可能な発展を確保するために，環境の質および世界規模の自然資源の持続可能な管理を維持しかつ改善する国際的な措置の発展に寄与すること，
　(g)天災または人災に遭った住民，国および地域を支援すること，
　(h)より強力な多角的協力および健全な世界統治秩序に基づく国際体制を推進すること。
　3．連合は，本篇および欧州連合運営条約第五部により規律される連合の対外行動の異なる分野ならびに連合の他の政策の対外的側面の発展および実施において，1および2に定める諸原則を尊重し，その目的を追求すること。
　連合は，対外行動の異なる分野間ならびにこれらの分野およびその他の政策間の一貫性を確保する。理事会と委員会は，外交安全保障上級代表によって補佐され，その一貫性を確保し，このために協力する[68]」。

　上述したように，コンベンションにおいては，対外関係が明確な諸原則に基づくことがEUの力になり，また，諸原則を世界に対して明確に示すことが必要であるとの認識が示され草案起草に至っているが，それがEU条約21条において実現されていると捉えられる。
　これまで人権および民主主義の原則の尊重については，マーストリヒト条約により開発政策に関する旧EC条約130u条1項（その後旧EC条約177条）は，「この分野における共同体政策は，民主主義および法の支配，ならびに人権および基本的自由の尊重の発展および強化という一般的目的に寄与しなければならない」と定められていた。また，ニース条約により第三国との経済，財政および技術的協力に関するEC条約181a条1項は，第三国との経済的，財政的および技術的協力の措置を実施するとし，開発協力政策と同様に，民主主義および法の支配の発展と強化の一般的目的ならびに人権および基本的自由の保障の目的を追求することに寄与すると定められた。リスボン条約により，これら個別

の政策に定められていた人権および民主主義の原則の尊重規定は削除され，EU条約21条1項に集約されることになった。このように集約されることにより，開発協力政策や経済，財政および技術的協力政策といった分野に限定されず，すべての対外関係分野に政治原則が適用されることになった。

EU条約2条に定められたEUの諸価値は，①人間の尊厳，②自由，③民主主義，④平等，⑤法の支配および⑥人権の尊重であるのに対して，EU条約21条に定められた対外関係におけるEUの諸原則は，①民主主義，②法の支配，③人権と基本的自由の普遍性および不可分性，④人権の尊厳，⑤平等，⑥連帯，⑦国連憲章および国際法の諸原則となっている。人権，民主主義および法の支配など重なっている部分が多いが，次のような若干の差異も存在する。

1つ目は，EU自体が基礎とするのは諸価値（values）であるのに対して，対外関係において用いられるのは諸原則（principles）であると位置づけが異なっていることである。もっとも上述したように作業部会「対外行動」の提案では，「価値」となっていた。

2つ目は，対外関係における政治原則においてのみ強調されているものが存在することである。すなわち，人権と基本的自由の普遍性（universality）と不可分性（indivisibility），ならびに，国連憲章および国際法の諸原則の尊重である。これらは，EUが1990年代に第三国との国際協定に人権条項を含めるときに意識され，コンベンションでも提案されたものである。かつて欧州委員会は，「EUと人権政策の対外側面――ローマからマーストリヒトを超えて――」と題されるCOM文書[69]において，次のように述べていた。普遍的人権宣言の原則は，普遍性，不可分性および人権，民主主義および発展の相互依存である[70]。人権および民主主義を協定の「本質な要素」として挿入する積極的なアプローチは，条件を課すものではなく，普遍的な価値を尊重し，促進する他の国との共同の試みとしての精神の中で理解されるべきものであると[71]。EUは，EUにのみ妥当する原則ではなく，普遍性のあるものであることを強調することで，EUを国際共同体の一員と位置づけ，その行為を正当化しようとしている。また，国連憲章やその他の国際法の原則への言及も，また，「連合は，前段に定める諸原則を共有する第三国および地域組織または国際組織との関係を発展させ，連携

を構築することを目指す……」という文も同じ文脈で捉えられる。

1990年代以降 EU は，人権条項を原則的にすべての第三国との協定に挿入してきた。それらの実行に対し，これら諸原則の条文化により EU が対外関係において行動するときの根拠づけを得たことになる。日本など経済援助や一方的な経済的便宜を受けていない国に対してはこれまでこのような人権条項を含む協定は結ばれてこなかったが，対外関係一般における政治原則の条文化がなされたことにより，国際交渉やその他の国際的な場においても EU にとって政治原則を適用することの「大義名分」ができたことになる。

また，アムステルダム条約時点では，「連合は，自由，民主主義，人権および基本的自由の尊重，ならびに法の支配の諸原則を基礎とする」となっていたが，それら以外にも連帯，国連憲章および国際法の諸原則の尊重を諸原則として列挙していることから人権および民主主義の原則に限定されず，幅広く政治原則と捉えることができる。実際，マーストリヒト条約からニース条約にかけて EU 機関の文書では，「人権条項」(human rights clause) と題されることが多かったが，現在では「政治的条項」(political clause) と題されることが多く，そこで扱われる事項も，従来の人権事項のみならず，テロリズムに対する闘いに関する事項，国際刑事裁判所に関する事項，核の不拡散の事項，財政分野における良いガバナンス事項，軽小火器に関する事項など多岐にわたり増えている。

(3) 欧州憲法条約以降の実行

リスボン条約が発効したのは，2009年12月1日であり，EU 条約21条はその日から有効になったわけであるが，同条は，欧州憲法条約Ⅲ-292条の枠組みと内容をほぼそのままの形で引き継いでいるため，欧州憲法条約以降の実行を対象とする。

(a) 理事会の文書

人権および民主主義原則を中心にしながらも，より幅広い政治原則の適用に合意していると考えられるのが理事会の文書である。たとえば，2008年12月16日付の理事会文書では，テーマが「第三国と締結する協定における政治的性質を有する条項」(clauses de nature politique) となっている。そこでは，以下のように述べられた。理事会は，数年前から地域および第三国と締結する協定の中

に体系的に政治的性質(人権,民主主義,法の支配,テロリズムとの闘い,大量破壊兵器の不拡散,国際刑事裁判所,最近では税務上の良い統治,軽小武器に関する)を有するいくつかの水平的条文を挿入することが適当であると考えた。これらの条項の一定のもの(人権および不拡散条項の一部)は協定の「本質的要素」として定められており,その違反は当事者に緊急の場合は直ちに措置をとること(場合によっては協定の一時停止も含め)を可能にする。政治的条項は,EU の価値を反映した対外政策の重要な要素である。また,同文書の「政治的条項の歴史と実施に関する概要」と題される付属書では,次のように述べられている。理事会は,より大きな政治的文脈の中に EU の対外関係をおくために地域および第三国と締結する協定の中に政治的性質を有するいくつかの条項を挿入することを決定した。これらの条項は,人権,テロリズムに対する闘い,大量破壊兵器の不拡散と国際刑事裁判所への支持に関係する。

　この文書から読み取れるのは,第三国との協定の中に,人権条項を中心としつつより幅広い政治的条項を挿入するようになってきたこと,また,対外関係をより政治的な文脈におくことが意識されていることである。

　2009年2月27日付の「第三国との協定における政治的条項(political clause)に関する検討文書」と題される理事会文書では[73],次のように述べられた[74]。政治的条項は,外交政策を行う際の,EU のアイデンティティの中心的出現の重要な部分である。それらは,EU の諸価値と戦略的利益を反映する。政治的条項の中で,人権,民主主義および法の支配は特別な意味を有し,EU の諸価値のコアを表す。それは,条約から直接引き出され,EU の基礎の一部となる。また,同文書においては,上述の2009年の理事会文書で述べられたことを繰り返し,政治的性質を有する水平的な条項を第三国との協定の中に体系的に含むことを決定したことを確認したうえで,政治的な協力を含む,協力の主な分野を規定対象とする第三国との包括的な枠組をもつために,EU は,原則的に政治的条項を含まない個別分野ごとの協定よりも枠組協定を締結することを優先するとされた。これは,できるだけ政治原則を第三国に適用したいと考える EU の戦略であると捉えられる。

第 4 章　EU 対外政策における政治原則の発展

(b)　韓国および EU 間の協定

　韓国と EU は，FTA（自由貿易協定）を締結したが，それに前後する，2010年 5 月10日に枠組協定を締結した。この協定は，2008年頃から EU が進めている，政治的要素を含んだ包括的な協定となっている。

　1 条 1 項では，人権条項にあたるものが次のように定められている。「当事者は，民主主義の原則，人権および基本的自由，ならびに法の支配への愛着を確認する。法の支配の原則を反映する世界人権宣言および他の関連の国際人権文書に定められる民主主義の原則，人権および基本的自由の尊重は，両当事者の対内および対外政策を支え，本協定の本質的要素（essential element）を構成する」。同条 2 項では，「当事者は，国連憲章への愛着とそこに表現される共有された価値に対する支持を確認する」と定める。また，同条 7 項では，「同じ諸価値と尊重を共有する当事者間の本協定の実施は，対話，相互尊重，平等なパートナーシップ，多角主義，コンセンサスおよび国際法の尊重の原則を基礎としなければならない」と定める。同協定 2 条 2 項では，「よく発達したパートナーシップと共有された諸価値を基礎に，当事者は共通利益のあるすべての事項についての協力と対話を発展させることに同意する。」とされ，また同 3 条 1 項においても「共有の諸価値と願望を基礎に，定期的な政治的対話が韓国と EU の間に設定される。」と定められている。

　「実施のための方式」と題される枠組協定45条 3 項は，これまで取り扱ってきた不遵守条項に相当するものである。同項は，次のように定めている。「片方の当事者が他方の当事者が本協定の下での義務を履行することを怠ったと考える場合，国際法に従って適当な措置をとることができる。それをする前に，特別な緊急な場合を除いて，当事者は，状況の精査のための共同委員会に必要とされる情報すべてを提出する。両当事者は，共同委員会の下で協議を行い，両当事者が合意すれば，これらの協議は，共同委員会により任命された仲介者により容易にされうる。」と定める。また，同協定45条および46条に関する共同解釈的宣言の 1 段において，次のように定められている。「当事者は，民主主義的である。当事者は，世界に共有された諸価値を促進するためにともに行動することを願う。本協定は，世界を通じての民主主義，人権，不拡散およびテ

ロリズムとの闘いを促進するための共有された決定のシグナルである。同じ価値を共有する当事者間の本協定の実施は，対話，相互尊重，平等なパートナーシップ，多角主義，コンセンサスおよび国際法の尊重の原則を基礎にしなければならない」。同宣言の2段は，「当事者は，本協定の正しい解釈と実際の適用のために，45条3項の『適当な措置』は，本協定の下での義務の実施の怠慢に対し比例的な措置であることに合意する。措置は，本協定あるいは共通の機構枠組の下での特定の協定に関してとられうる。措置の選択においては，可能な国内救済利用をできるかぎり考慮し，本協定の機能をもっとも妨げないものが優先されなければならない。」と規定している。

　この韓国とEU間の枠組協定には現EU条約21条に定められている諸原則や目的が具体的な形で表れている。人権および民主主義の原則などを本質的な要素と定め，その不遵守の場合の不遵守条項をおいているという点は，これまでの協定に見られたものであるが，以下の点が注目される。第1に，人権条項と不遵守条項がより実施の方式や共同解釈宣言が設けられるなど，関連規定を含め詳細な形で規定されていることである。第2に，EU条約21条2項に定められる幅広い目的の実現が目指され，政治的要素を含む包括的な協定となっていることである。第3に，EU条約21条1項2段に定められるように，価値を共有していることが何度も確認され，強調されていることである。

　EUは，日本，アメリカ，カナダ，オーストラリアなどの片務的な経済援助を必要としない先進国に対しても今後協定を締結するときに，このような政治的性質を含んだ，包括的な協定の締結を求めてくると考えられる。

5　おわりに

　EUの人権外交，あるいは現在のより幅広い政治外交は，最初から現在のようであったわけではない。EUにおける人権，基本権あるいは民主主義の原則の発展とともに，EUは，そのようなものを原則，現在は価値と位置づけることで対内的にも対外的にも結束を固め，それを強さとしてきた。

　また，一方でEUの対外行動において，第三国との協定に人権条項を挿入す

第 4 章　EU 対外政策における政治原則の発展

るという実行があり，他方，それを支え，あるいは，裏付けする，条約規定の改正，判例および EU 法行為（措置）がとられてきた。

　リスボン条約により規定されるようになった，現行の EU 条約21条は，そのようなこれまでの実行と条約改正等の到達点である。EU 条約21条の意味は，単に政治原則の適用が対外関係のあらゆる分野が広がったということにとどまらない。EU 条約21条は，そのような政治原則を第三国との関係において適用する法的な基盤を EU に与え，かつ，同時にそれが EU に義務づけられたということを意味すると捉えられる。

　もっともこれは，EU 対外関係における政治原則適用の法的基盤が整えられたことを意味するのであって，現実に効果的に効率的に実行されているわけではない。対外関係において上述したように EU は第三国との国際条約に人権条項を挿入するという政策をとってきたが，その一方で現実における取り組みの不十分さや機能の不全が指摘されている[75]。

　このような現実を受け，2012年 6 月25日の EU 理事会で，人権および民主主義に関する戦略的枠組とそれを実施するための行動計画が採択された[76]。また，キャサリン・アシュトン（C. Ashton）共通外交安全保障政策上級代表が EU の人権政策の効果と透明性を高めるために人権に関する EU 特別代表（EUSR）の任命を提案した。このような動きは，上述した EU 条約21条に規定される EU の対外関係における政治原則の導入，EU 基本権憲章の発効および欧州人権条約への加入（予定であること）を踏まえとられている[77]。また，2012年 6 月28，29日に開催された欧州首脳理事会は，今回の EU 理事会の戦略的枠組と行動計画の採択を歓迎し，EU の対外関係において人権と民主主義を中心にすることの重要性を強調した[78]。

　EU は，リスボン条約により対外関係における政治原則の適用を法的に整備した。今後は，上述した人権および民主主義の主流化（mainstreaming）をより強化し発展させ，対外関係における EU の政治原則の実際の浸透をはかっていくことが EU の課題となっていくと考えられる。

【注】

1 これに関連し EU と韓国間の枠組協定につき，ヨーロッパ流の正義感を示し，公共善を求める法だと，いち早く中村民雄は分析している。中村民雄「EU の規制力と法」遠藤乾・鈴木一人編『EU の規制力』（日本経済評論社，2012年）37，56-59頁。
2 Ex. Henri de Waele, *Layered Global Player*, (Springer, 2011) p. 96
3 Case 1/58 Stork & Cie v. ECSC High Authority [1959] ECR 17.
4 Joined cases 36, 37, 38 and 40/59 Prüsident Ruhrkohlen-Verkaufsgesellschaft and others v. ECSC High Authority [1960] ECR 423.
5 Case 29/69 Stauder v. Stadt Ulm [1969] ECR 419.
6 Case 6/64 Costa v. E.N.E.L. [1964] ECR 585.
7 J.H.H. Weiler, *The Constitution of Europe* (Cambridge University Press, 1999) pp. 107-108;Allan Rosas, "The European Union and international human rights instruments", in Vincent Kronenberger (ed.), *The European Union and the International Legal Order* (T.M.C. Asser Press, 2001) p.53, p. 55; de Waele, *supra note* 2, p. 97.
8 中西優美子『EU 法』（新世社，2012年）40-41頁。
9 「人権および基本的自由の保護のための欧州条約」は，欧州司法裁判所がたびたび判例の中で引用してきた欧州人権条約の正式名称である。下線部筆者による。
10 下線部筆者による。
11 COM(95)567, "The European Union and the external dimension of Human rights policy: From Rome to Maastricht and Beyond", p. 5.
12 Bull.EC 6-1991, pp. 17-18.
13 Bull.EC 11-1991, pp. 122-123.
14 Opinion 2/94 [1996] ECR I-1759.
15 COM(95)567, *supra note* 11, p. 5.
16 COM(2001)252, "The European Union's role in promoting human rights and democratization in third countries", p. 4.
17 山本直「第三国への政治的コンディショナリティの導入」『EU 人権政策』（成文堂，2011年）100-129頁が詳しい。中西優美子「第6章 EU における CSR と人権」松本恒雄・杉浦保友編『EU シリーズ4 企業の社会的責任』（勁草書房，2007年）149，163-167頁。
18 Eibe Riedel/Martin Will, "Human Rights Clauses in External Agreements", in in Philip Alston(ed.), *The EU and Human Rights* (Oxford University Press, 1999) p. 723, pp. 726-727.
19 OJ of the EU 1998 L156/3.
20 COM(1998)146, "Democratisation, the rule of law, respect for human rights and good governance".
21 その他の「あめとむち（carrot and stick）」アプローチの例として，Brandtner/Allan Rosas, "Trade Preferences and Human Rights", in Alston(ed.) *supra note* 18, p. 699, pp. 709-713.
22 COM(95)216, "On the inclusion of respect for democratic principles and human rights in agreement between the Community and third countries", pp. 7-8.

23 Council of the European Union, Doc. 5779/07, 29 January 2007, p. 46.
24 協定により設立される特別の理事会のこと。
25 ブルガリア条項は1993年以降用いられるようになり、バルト海条項からそれに置き換わっていったとされる。Riedel/Will, *supra note* 18, pp. 727-728.
26 COM(95)216, *supra note* 22.
27 OJ of the EC 1983 L41/2, Cooperation agreement between the EEC and the Socialist Federal Republic of Yugoslavia.
28 Case C-162/96 Racke GmbH & Co. v. Hauptzollamt Mainz [1998] ECR I-3655.
29 Piet Eeckhout, *External Relations of the European Union*, (Oxford University Press, 2004), p. 476.
30 Barbara Brandtner/Allan Rosas, "Trade Preferences and Human Rights", in Alston(ed.), *supra note* 18, p.699, p. 704.
31 Case C-268/94 Portugal v. Council [1996] ECR I-6177.
32 *Ibid.*, paras. 24-29.
33 Steve Peers, "Fragmentation or Evasion in the Community's Development Policy?", in Alan Dashwood and Christophe Hillion(ed.), *The General Law of E.C. External Relations*, (Sweet & Maxwell, 2000), pp. 102-103.
34 Case C-106/96 U.K. v. Commission [1998] ECR I-2729.
35 Stefan Griller/Dimitri P. Droutsas/Gerda Falkner/Katrin Forgó/Michael Nentwich, The Treaty of Amsterdam, (Springer-Verlag, 2000), p. 135.
36 COM(2001)252, *supra note* 16, p. 5.
37 Manfred Nowak, "20 Human Rights 'Conditionality' in Relation to Entry to, and Full Participation in, the EU", in Alston(ed.), note(18), p. 687, pp. 691-692.
38 OJ of the EC 1999 L120/1.
39 OJ of the EC 1999 L120/8.
40 COM(2000)726 "Report from the Commission on the implementation of measures intended to promote observance of human rights and democratic principles in external relations for 1996-1999", pp. 87-88.
41 *Ibid.*, p.7 and p. 87.
42 COM(2001)252, *supra note* 16, p. 13；なお現在のEIDHRは、もともとのEIDHRを基礎に、European Instrument for Democracy and Rightsとなっている。
43 OJ of the EU 2006 L386/1, Regulation on establishing a financing instrument for the promotion of democracy and human rights worldwide.
44 COM(2000)726, *supra note* 40, pp.87-88; Cf. Philip Alston/J.H.H.Weiler, "An 'Ever Closer Union' in Need of a Human Rights Policy: The European Union and Human Rights", in Alston(ed.), *supra note* 18, p. 3, pp. 11-12 and 35-36.
45 COM(2001)252, *supra note* 16.
46 Council of the European Union, Doc. 9547/01, 19 June 2001.
47 *Ibid.*, p. 5.
48 これについては、複数のフォローアップ文書がだされている。Council Doc. 15138/02,

5751/04, 5180/07.
49 OJ of the EC 2000 L317/3, Partnership agreement between the members of the African, Caribbean and Pacific Group of States of the one part, and the European Community and its Member States, of the other part, singed in Cotonou on 23 June 2000.
50 EUの閣僚理事会ではなく，EU理事会の代表及び欧州委員会の代表ならびにACP諸国政府の代表から構成される。
51 Klemens H. Fischer, *Konvent zur Zukunft Europas*, (Nomos, 2003), p. 167.
52 CONV 200/02, 16.July 2002, para.6, p.3.
53 CONV 252/02, 10. September 2002, p.2.
54 Working group VII, Working document 2, 24 September 2002, p.2.
55 CONV 315/02, le 3 octobre 2002, p. 2.
56 Working group VII, Working document 7, 15 October 2002, p. 2.
57 Working group VII, Working document 12, 28 october 2002, p. 2.
58 Working group VII, Working document 13, le 28 Octobre 2002.
59 Working group VII, Working document 25, 11 November 2002.
60 Working group VII, Working document 21, 8 November 2002, p. 4.
61 *Ibid.*, para. 9.
62 *Ibid.*, para.12.
63 CONV 459/02, 16. Dezember 2002.
64 *Ibid.*, p. 1.
65 *Ibid.*, p. 11.
66 *Ibid.*, p. 13.
67 これについては，山本直「『加盟国に共通する原則』から『EUの価値』としての人権尊重へ――EU条約2条の誕生――」山本・前掲注17，249-265頁参照。
68 下線部は筆者による。
69 COM(95)567, "The European Union and the external dimension of Human rights policy: From Rome to Maastricht and Beyond".
70 *Ibid.*, pp. 9-10.
71 *Ibid.*, pp. 15-16.
72 Counseil de l'Union Européenne, Doc.17370/08, le 16 décembre 2008.
73 Council of the European Union, Doc.7008/09, 27 February 2009.
74 *Ibid.*, p. 2.
75 元田結花「EUの国際開発援助政策に見る規制力の限界」221-240頁，五十嵐元道「平和構築におけるEUの規制力とその限界」241-263頁。いずれも遠藤・鈴木編・前掲注1所収。
76 Council of the European Unon, Doc.11737/12, 25 June 2012.
77 Council of the European Union, Doc.11855/12, 25 June 2012.
78 Europen Council, Doc.EUCO76/12, 29 June 2012, p. 6.

第5章 国際航空における地球温暖化対策の取り組み

河越真帆

1 はじめに

　グローバル化の影響を受けて，国際的なルールが大きく変わりつつある政策領域の1つに航空がある。国際航空市場で自由化が加速する一方で，航空においても地球温暖化対策として温室効果ガス（特にCO_2）排出削減が国際社会の課題として浮上している。だが，国際便に使用される航空機から排出されるCO_2の帰属先がどの国になるのかについて国際社会での合意がないために，CO_2排出量規制を盛り込んだ京都議定書においては，国際航空は削減義務の対象外となっている。京都議定書2条2項で，「国際民間航空機関（ICAO, International Civil Aviation Organization）[1]を通じて航空における温室効果ガス排出の抑制または削減が追求される」と明記されているのみ[2]であり，国際航空は京都議定書に定められた国内の排出ガス削減の対象にならない。区分的にも技術的にも「国内」の排出量規制の対象に国際航空は合致しないため，その温暖化対策をめぐる解決は ICAO に委ねられることになったという経緯がある。

　国際航空での温暖化対策に関しては，ICAO を中心とした国連レベルにおいてグローバルな新秩序形成のための議論が始まった。ICAO による排出量取引のためのワーキング・グループ（Working Group）が設立され，継続的に協議が行われている。しかしながらその一方で，ICAO での進捗状況が緩慢であるとして，地域レベルでの対応を急ぐ取り組みも出現した。それは，国際社会で環境保護のリーダーシップを発揮しようとする EU による航空分野への排出量取

引制度（EU-ETS, Emission Trade Scheme）の導入である。

　EUにおいては，2012年1月からEU域内に離着陸する国際航空輸送会社（aircraft operators）をEU-ETSの対象とすることが決定されている。これはEU域内の環境法を域外に適用しようとする取り組みであり，対外的に国際法上および通商関係上の問題を喚起している。地域単位の局地的ルールの適用範囲拡大に対して，当然のことながらEU以外の国々は強い反発を隠さない。EUに反発する国の中でも，特に米国と中国は強硬に反対し，外交・イデオロギー上において敵対しているはずの両国がEUという共通の敵に対して同様に対抗するという，極めて珍しい状況が生まれつつある。その結果，EUは国際航空におけるETSの導入を1年延期することで譲歩した。

　本章では，国際航空分野での温暖化対策のための新秩序がICAOにおいてどのように形成されつつあるか，また地域レベルでの取り組みとしてEU-ETSが他国にどのようなインパクトを与えているのかを踏まえ，国際航空における温暖化対策の規制制度構築の進捗状況を把握する。最後に，ICAOとEUの間の整合性に関わる争点として，国内航空と国際航空の違いがあることを指摘しつつ本章をまとめたい。

2　グローバル・レベルでの取り組み
―― ICAOでの経済的手法の進展――

　地球温暖化をめぐる国際的な枠組みの始まりは，1992年5月に採択された気候変動に関する国際連合枠組条約（「気候変動枠組条約」として一般的に認知される）が1994年3月に発効した時点に遡ることができる。しかしながら，気候変動枠組条約には法的拘束力がないことから，その後，拘束力のある排出量削減目標値を約束した京都議定書が1997年12月に採択され，2005年2月に発効することとなった。京都議定書では，付属書Ⅰにおいて京都議定書加盟の39の先進国およびEUの温室効果ガスの排出削減の数値目標を義務として規定している。ETSは，京都議定書の目標達成のために生み出された京都メカニズムと呼ばれる3種類の仕組み[4]の1つである。

第5章　国際航空における地球温暖化対策の取り組み

　排出量規制に関して航空は海運と並んで京都議定書では例外的な扱いとなっていたが，その2年後の1999年に，気候変動に関する政府間パネル（IPCC, Intergovernmental Panel on the Climate Change）が「航空と地球の大気に関する特別報告書（"The Special Report on Aviation and Global Atmosphere"）」を刊行した後は，航空での排出量規制が国際社会で大きな関心を引くようになった。

　民間航空が排出するCO_2は世界全体での温暖化ガス排出量の約2％（2007年）[5]に過ぎないが，今後，LCC（Low-Cost Carrier）と呼ばれる低価格の航空運賃を売り物とする格安航空会社の航路拡大や，新興国などを中心とした余暇活動の活発化による国際便の増加などが予想されるため，航空での排出量の増大が毎年4.7％ほど見込まれている。[6]

　だが，京都議定書の下では航空分野が二分されることに注意を払うべきである。2つの航空分野とは，国内活動と位置付けられ，各国政府の規制下に置かれる国内航空と，ICAOなどの国際機関に規制が委ねられている国際航空である。航空の内訳を見ると，CO_2の排出量のうち国内航空が排出する割合が38％であるのに対し，国際航空の割合は62％[7]となっており，国際航空の方が国内航空より多くのCO_2を排出している。このうち国際航空に関しては，ICAOが中心となって排出量規制の議論が進められてきたが，国際的に統一された規制手法が本章執筆の現時点で確立してはいない。以下，ICAOでの排出量規制の決定方式とその取り組みを概観してみたい。

　ICAOにおいて環境問題は主要なテーマの1つとなっており，国際航空における環境対策は資料5－1の仕組み（104頁）の下で講じられている。

　気候変動枠組条約の第3回締約国会議（COP3）において京都議定書が採択され，国際航空に関わる温暖化ガス排出量規制問題の決着はICAOに委ねられることになった。そのICAOの本拠地はカナダのモントリオールに置かれている。ICAOの主要組織としては，最高機関として3年ごとに開催される総会（Assembly），常設の執行機関としての理事会（Council），理事会を補佐する役目の専門事務局がある。ICAOは設立以来，技術的・法律的な事業を実施してきており，その事業推進のためには「国際標準（Standards）」および「勧告方式（Recommended Practices）[8]」を国際民間航空条約（Convention on International

資料5-1　国際航空における環境に関する取極の仕組み

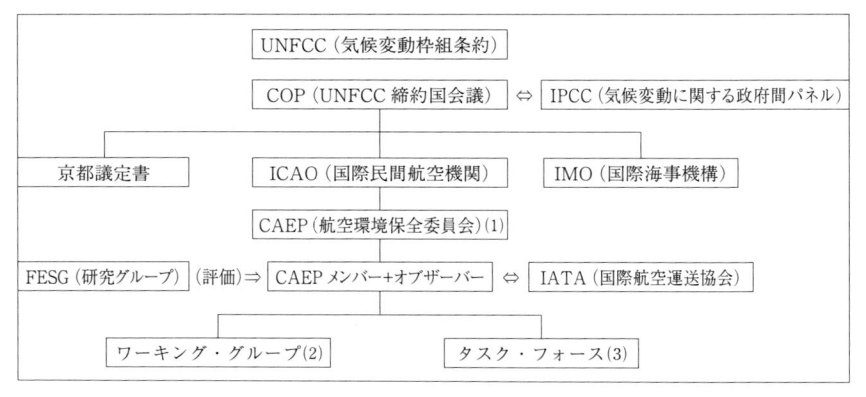

```
                    UNFCC（気候変動枠組条約）
                    COP（UNFCC締約国会議） ⇔ IPCC（気候変動に関する政府間パネル）
   京都議定書        ICAO（国際民間航空機関）   IMO（国際海事機構）
                    CAEP（航空環境保全委員会）(1)
FESG（研究グループ）（評価）⇒ CAEPメンバー+オブザーバー ⇔ IATA（国際航空運送協会）
                ワーキング・グループ(2)    タスク・フォース(3)
```

(1) CAEPは，CAEPの下部組織である航空機の騒音に関する委員会と，航空機エンジンの排出量に関する委員会の2つを監督する。
(2) 作業部会とも訳され，政府と航空機製造メーカーを含む。
(3) 実働的なグループであり，政府と航空会社を含む。
出典：西村忠司「国際航空の排出量取引――地球温暖化防止に向けた国際航空の経済的手法のガイダンス――（前編）」『運輸と経済』第67巻第6号（2007年）58頁の図を簡略して一部改訳して紹介。

Civil Aviation，通称シカゴ条約）の付属書として採択してきた。

　ICAOの内部では，航空環境保全委員会（CAEP, Committee on Aviation Environmental Protection）が1983年の理事会にて創設された。CAEPは航空分野での環境保護への対応策を具体的に打ち出し，総会と理事会に対して勧告を行う。CAEPの傘下で，専門家から構成されるワーキング・グループと実働的なタスク・フォース（Task Force）が会合を重ねつつ具体的な素案をまとめる仕組みが出来上がっている。CAEPの公式な会合は現在までに8回（1986年，1991年，1995年，1998年，2001年，2004年，2007年，2010年）開催されており，それぞれ報告書を刊行している。ICAOでは，理事会がCAEPの勧告に則り決議し，3年ごとに開催の総会で環境を含む多様なイシューが協議される仕組みになっている。総会では各加盟国はそれぞれ一議決権を有しており，ここでの決定方式は単純多数決である。

　近年，CAEPの会合で具体的な温室効果ガス削減のための方策が議論されるようになった。CAEPは，現在23の加盟国のメンバーと14の国や団体のオ

ブザーバー[11]による幹事から構成されている。オブザーバーの中には，後述するEU-ETSの航空への適用を推進する欧州委員会が含まれている。

(1) 経済的手法方針の採択（2004年第35回総会）

ETSなど経済的手法がICAOの総会で具体的に検討されるようになった契機は，2004年に開催されたICAO第35回総会（9月28日－10月8日）である。この時期は，ロシアによる京都議定書の批准より以前の時期に当たり，同議定書の発効が頓挫していた。ここで議論に出た環境保護対策としての経済的手法[12]とは，排出量取引（Emissions Trading）に関する費用対効果評価，自主的取組み（Voluntary Measures），排ガス課金（Emission-related Levies）であった。

このうち自主的取り組みに関しては，ICAOにおいて各自が自主的に取り組むことが奨励された。更にICAOが示す雛形以外の自主的な取り組み方法が模索されることになったが，この措置はあくまでも各国の自主的な努力を促すだけであり，地球全体に及ぼす効果については疑問が残ることとなった。

航空機への排ガス課金に対しては，法的側面でシカゴ条約に抵触する[13]との議論から，課金はICAO加盟国が次回総会（2007年）まで一方的に実施しないように要請することで決着した。

残された排出量取引の手法は，上記の法的問題を抱える排ガス課金より有望であり，課金制度より運用面で優れているという評価が参加国の間で広がった。そのためこの排出量取引に関する議論が主流となった。しかしながら，具体的な取引方法に関しては，専門家の意見を交えたより多くの議論を必要とした。航空会社が排出量取引に携わる場合は，ICAOがこれから作成するガイドラインに則って行う方針が確認されたにすぎなかった。この議論において最大の争点となったのは，排出量取引の適用対象となる地理的範囲（Geographical Scope）である。航空は各国の領空や国家間の国境上空などを通過し，まさしくグローバル化を体現する交通手段だけに，取引制度に包含される対象をどこまでにするか，という地理的範囲の設定は極めて複雑な問題となった。

この地理的範囲をめぐっては各国間の見解の相違が明らかとなり，特にEUと，EUに対抗する日本・米国・オーストラリア等がICAO総会で対立した。この対立はICAOの次回総会（2007年）においても再燃し，激しい議論の対立

を生むこととなる。EU の主張は, 域内の ETS は外国の運航者にも等しく適用されるべきであるとする一元的な (unilateral) 手法を主張したのに対し, 日米豪など対立するグループは, ETS は多元的 (multilateral) もしくは相互の (mutual) 合意が基本となって実現可能であるとし, EU の手法を厳しく批判した。

　第36回総会 (2007年) は京都議定書が発効してから初めて開かれた総会であり, 航空と環境に関する関心が高まっていた風潮の下で排出量規制をめぐる議論が活発に交わされた。第36回の総会決議 (A36-22) の内容としては, 付属文書 (Appendix) L が経済的手法に関するものであった。当該付属文書では, ICAO の原則的な立場 (たとえば国際航空での排出量取引に関してはシカゴ条約に則り, その地理的範囲に関しては国家間の相互の合意が基本であるとする立場)[14]に関しての言及がある。この中では, ICAO による排出量規制へのガイダンスは不十分であると自認し, 今後の国連気候変動枠組条約の締約国会議 (COP) での温暖化対策と整合性をもたせつつガイダンスを作成する旨が明記された。第36回総会を総括すれば, シカゴ条約に規定された従来からの原則を守り, 国際航空における温暖化対策は, COP のプロセスと整合性を持たせつつ ICAO が決定するという2点であった。なお, 付属文書 L に対して EU は留保しており[15], これは EU-ETS の域外適用を既に決定していた EU としては当然の措置であった。

(2) ICAO での課題

　ICAO での経済的手法とは, 温室効果ガスの中でも CO_2 に関して排出量の上限を設定し, 割当量の取引を通じて排出量削減を目指す取り組みのことであり, CAEP による報告書では排出量取引に関するガイダンス案を含む。しかしながら, ICAO 総会では具体的な手法に関する決定は未だ下されていない。排出量取引の適用対象国および各国の割当量など具体的内容は未定である。

　ICAO の第37回総会 (2010年) では, 当時の加盟国190カ国が2020年から国際航空における温室効果ガスの排出量を削減することで合意した。ICAO 総会で合意が確認されている事項は以下のとおりである[16]。

① 2050年までにエネルギー効率の改善で毎年2％の努力目標を設定する。
② 2020年以降の中期目標として，国際航空のセクターが今後増大するとしても地球的規模でのCO_2排出量が2020年の水準で安定するように努める。
③ 国際航空における長期的かつグローバルな努力目標を実行に移すための調査を進展させる。
④ 2013年に向けて航空機に対する地球的規模でのCO_2スタンダードを発展させる。
⑤ 市場に基づく経済的手段のための枠組みを開発する。
⑥ グルーバルな努力をする国家のための支援の具体的ステップを検討する。
⑦ 運航量が少ない国家に対しての不均等な負担強制をなくす条項を検討する。
⑧ CO_2削減のための国家行動計画を奨励する。

　上記の事項はあくまでもCO_2削減の原則の確認に留まっており，目標はスローガン然[17]としている。現時点で，環境保護のための排出量規制のグローバルな手法は未だ確立されていない。上記の目標は地球の規模で達成すべき努力目標であって，具体的な方策や各加盟国の負担についての言及はないのである。
　特に，EU-ETSとの関わりにおいて争点となる地理的範囲に関しても変更はない。ICAOは当該諸国の二国間もしくは多国間の合意は必要であるという立場を堅持した。ICAOにおけるETSの詳細な手法や適用範囲などは，次回のICAO第38回総会（2013年秋）を待たねばならない状況である。ICAOでの規制手法は，原則として気候変動枠組条約および京都議定書と整合性を保たねばならないので，その適用対象は主に先進国となり，ICAO全加盟国に一様に適用されないであろうことが予想されている。京都議定書のように先進国の航空会社のみが排出量の削減義務を負うことになれば，環境への負荷の公正な負担の問題と結びつく。それは，温暖化対策というグローバル・イシューに対する局地的な対応の是非の問題でもあるが，航空という分野がもつグローバルな性質にも関わっているからである。つまり，航空の実態は国ごとに簡単に線引きできるわけではなく，そのためグローバル化の文脈で語られることが多い分野である。航空会社が違っても民間航空に使用される主な航空機メーカーはボーイング社やエアバス社であり，先進国・途上国の区別なく各航空機が排出するCO_2の量はそれほど相違がない。それにも関わらず，航空会社の国籍によって規制対象となることが問題となる。また，運航される航空機上の乗客はあら

ゆる国籍の人が混在していて，航空機の国籍だけで排出量規制適用の可否が決定されるのは運航の現状にそぐわないといった批判に，どのようにICAOは応えていくのであろうか。これらは航空のグローバル・ガバナンスにおける今後の課題として残されている。

3　リージョナル・レベルでの取り組み
　　　──EUによるETSの航空部門への適用──

　国際航空における地球温暖化対策は本来，地球規模で対策が推進されるべきグローバル・イシューの1つである。しかしながら，前節で概観したようにICAO主導のグローバルな新秩序はなかなか形成されそうにない状況にある。そこで，緩慢にしか進行しないグローバル・スタンダードの確立を待つのではなく，これと並行する形で，スタンダードを地域単位で普及させるアクターが出現した。これがEUである。

　EUが航空会社の環境への負荷に関して検討を始めたのは，IPCCが「航空と地球の大気に関する特別報告書」を発表した1999年であった。奇しくもICAOでの議論の開始時期と同時期にEUでも本格的な議論が始まることになった。[18]

　経済的手法の1つとして，EUによる温室効果ガス排出量取引制度（EU-ETS）が採用され，導入されることになったのは，2001年に欧州委員会が発表した「EU排出量取引制度創設指令案」の提案が端緒であった。2年後の2003年に当指令は成立し，EUの東方拡大を迎えた2005年1月1日から，加盟25カ国の体制の下でEU-ETSが軌道に乗ることとなった。その後，EU-ETSはEU加盟国の27カ国にEU非加盟国の3カ国（アイスランド，リヒテンシュタイン，ノルウェー）を加えた30カ国において実施されている。[19]

　EU-ETSの手法とは，EU域内での温室効果ガス排出量全体に上限（キャップ）を設定し，排出枠を各排出源に割り当てた上で，排出源である事業者同士の排出枠の売買取引を認めた制度である。[20]キャップを超えてしまった場合には，排出枠を購入するか，罰金を課されるかということになり，EUでの気候変動対

第5章 国際航空における地球温暖化対策の取り組み

策として中心となる制度である。2004年には，EU-ETSに航空分野を組み入れるかどうかの検討も始まり，翌年2005年には，気候変動に対する航空分野での経済と環境両立の解決策として，航空へのETS導入案が浮上した。2005年2月に欧州委員会がコミュニケーションにおいて航空へのETS導入に関して議論したことに続いて，2006年12月には，EU-ETSの指令の改正案を提出した。ここで欧州委員会は，EU-ETSにEU発着の航空輸送を含めることを提案したのである。

(1) EU-ETSの航空部門への組み入れ（2008年11月）

京都議定書では規制を設けていない国際航空に関しても，EUはETSの適用範囲とした。2008年11月19日，閣僚理事会はEU域内の空港に離着陸する全ての航空機から生じる温室効果ガスをEU-ETSの対象とするため，指令2003/87を改正する指令を採択した。この改正された指令2008/101に基づき，2012年以降はEU域内の空港に寄航する便を運航する全ての航空会社が，原則として温室効果ガスの排出権を取得する義務が発生するようになった。EU-ETSには，一部の例外（小型機や輸送量の少ない航空会社など）を除きすべての種類の航空会社が関わることになる。全航空会社の内訳に，ネットワーク事業者とも呼ばれる航空会社（例：英国航空），LCCと呼ばれる格安航空会社（例：ライアンエアー），そしてチャーターおよびレジャー専門航空会社である。EUによるETSが航空にも適用される方針が決定され，2011年からEU域内の航空会社を対象に開始し，2012年からはEU域内で離着陸するすべての航空会社への適用拡大が決定された。

当該指令の下で，航空会社はそれぞれ担当の加盟国の監督下に置かれることになる。EU加盟の27カ国すべての監督を受けることは，航空会社にとっても加盟国にとっても大変な負担となるためこのような仕組みとなった。航空分野でのEU-ETSの手続き[21]としては，各航空会社は指定された監督国当局に対して，毎年3月31日までに前年の排出量を報告することが求められ，4月30日までには前年の排出量の超過分に対して罰金を支払わなければならない。

(2) EU-ETSの航空会社への影響

EU-ETSの導入により，EU域内に乗り入れるすべての航空会社はCO_2削減

義務を負うことになり，削減できなければ排出枠の購入をするか，罰金を納めるか対応しなければならない。CO_2排出量の割当は，航空機を運航する航空会社に対して2005年を基準年として行われる。具体的には2004年から2006年までの間の平均排出量がベースとなり，その割合はベンチマーク（トンキロ当たりの排出量）に基づき設定される。基準年の排出量の97％（2012年），95％（2013年）を各年のキャップとする。初年度（2012年）は，各航空会社は必要な排出量の15％をオークションとして監督国から購入することが義務付けられる。そして，残りの85％分が無償枠となるところだが，新規参入する航空会社のために3％を特別に充当するため，残りの82％が実質上の無償枠となる。[22]

各航空会社がEU-ETS導入にあたり要求される手続きは，モニタリングとデータ提出である。CO_2排出量をモニタリングし，CO_2排出データを監督国に提出しなければならない。EU域内に乗り入れる航空便を特定し，各便において燃料消費量を測定して合計のCO_2排出量を算出しなければならないのである。こうして回収された各航空会社のデータに基づき，2012年以降の無償枠の割当が算出されることになるため，各航空会社のデータ提出はEU-ETSの手続き上必要不可欠である。航空会社の経済的負担はもとより，排出量のデータ計算と提出という業務的負担が課されることになったのである。

EU-ETSは，第1期間（2005—2007年）を経て第2期間（2008—2012年）に入り，順守できなかった場合の罰金が温室効果ガス1トン当たり，40ユーロから100ユーロに引き上げられた。さらに航空会社への制裁として，各国政府は欧州委員会に対し，EU域内空港への乗り入れ禁止措置をとるよう要請することができる。EU-ETSは，2013—2020年の第3期間移行に伴い，排出量割当方式の適用部分を減らしつつあり，オークション方式へ段階的に移行中である。EU-ETSの導入をめぐっては，制度改正による手法の今後の変更や，各管轄政府の国内制度での適用状況など未確定な部分もあり，航空会社としては対策が難しいところである。また，後述する中国の航空会社のように，データ提出を拒否する航空会社も出現しており，EU-ETSの円滑な導入に関しては予断を許さない状況である。

この困難な状況を打開するために，EUは当面の対処策として「時計を止め

る（stop the clocks[23]）」こととし，国際航空でのETS導入を1年延期することを2012年11月12日に発表した。その結果，当案件については，ICAO加盟国は2013年秋のICAO総会での決着を待つことになり，各航空会社向けのEU-ETS導入による罰金が実際に発生するのは翌2014年以降となったのである。

4　EU域外諸国の反発

　EUによるETSの導入は，EU域外の国々からの反発を呼んだ。域外へのEU-ETSの運用に関しては，制度上の問題点を提起している。それは，地域限定のルールをグローバルなルールに適用できるのかという整合性の問題である。EUによる一方的なETSの開始は，第二次世界大戦後の国際航空体制の雛型であるシカゴ・バーミューダ体制や，二国間で多く締結されている航空協定の枠組みに反するものであるという意見が出されている。特に1944年採択のシカゴ条約15条[24]では，他国の航空会社に対する徴税制度の適用を制限している。こうして，EUの一元的な（unilateral）やり方は，従来の航空業界の協調主義的な精神と相反するのである。EUの手法に反対する諸国は，二国間主義に基づく二元的な（bilateral）もしくは相互的な（mutual）やり方を提唱している。これらはつまり，EUによる一方的な課税の実施を阻止するための方策である。

　EUによるリージョナルなルールの適用範囲拡大に警戒を強めたのは，日本やオーストラリア，ロシア等のほか，米国と中国である。通商を巡る対立で，米国と中国が同じ立場にいる光景はかなり珍しいとさえ言える状況にある[25]。域外の航空会社を含む，EU内の空港を離着陸する便を有する航空会社が全てEU-ETSの適用対象となったことを受けて，米国などは訴訟を起こし，中国は対抗措置で対応するなど，EUと米国・中国等の反対国の対立は先鋭化しつつある。ここで留意したいのは，イデオロギーの違いに関わらず，米国と中国には共通点がある点である。両国に共通することは，両国政府が管轄する航空市場の輸送力の大きさと，航空における既得権益堅持の姿勢である。国際航空輸送の実績でいうと，ICAOの「環境に関する報告書2010年度版（"ICAO Environmental Report 2010"）」によれば，近年の中国の上位進出は著しく，2009

資料5-2　国際航空輸送各国別ランキング（2009年）

順位	国　名	RTK（100万）*	シェア（%）
1	米国	54,371.9	15.14
2	中国	28,789.5	8.02
3	ドイツ	26,243.2	7.31
4	英国	22,781.8	6.34
5	アラブ首長国連邦	21,822.0	6.08
6	フランス	17,178.0	4.78
7	韓国	15,588.6	4.34
8	オランダ	13,111.3	3.65
9	シンガポール	12,972.9	3.61
10	日本	12,664.9	3.53

＊RTKとは，乗客と貨物の重量を測定単位とする考え方。
出典：*ICAO Environmental Report 2010*, p. A4.

年の単年度の実績（資料5-2）を見ると，世界の輸送力のうち15.14%を占める米国に次いで，中国は8.02%で第2位となっている。したがって，米国と中国は航空機によるCO$_2$排出量が世界第1位と第2位となり，EU-ETSが実行に移されれば，両国の経済的規模に応じて負担が重くなることが予想されている。次項で両国の対応に言及したい。

(1)　米国の事例

米国政府は，EU-ETSの導入は一方的であり，温室効果ガス削減の問題は民間レベルで協議すべきであると主張している。特に米国とEU域内の諸国間を結ぶ大西洋路線は，世界の運航の約6割を占めるという巨大市場であり，もしEU-ETSを米国政府が承認すれば，米国の航空会社にETSのコスト負担を強いることになるからである。

現実に，複数の米国およびカナダの航空会社や航空関連団体は英国において訴訟を起こし，EU-ETSを航空にも適用すると定めた指令2008/101は，国際法や様々な国際協定の原則に違反していると強く糾弾した。ここで争点となる国際法とは，具体的には領空主権を提唱したシカゴ条約，国際航空を対象外とした京都議定書のことであり，国際協定とはEUと米国の間で締結されたオープンスカイ協定のことを指すのである。そもそも，EUと米国の間で2007年5月25日に締結されたオープンスカイ協定では，環境など様々なイシューに関してEU・米国の合同委員会を立ち上げ政策協調を行うと明記されているだけで，環境規制に関する法的拘束力はもたない。したがって，米国は同協定違反ではないかと問題視した。その結果，英国の高等法院はEUの司法裁判所（ECJ, European Court of Justice）に先決裁定を求めたが，ECJは2011年12月21日，

第 5 章　国際航空における地球温暖化対策の取り組み

EU-ETS に航空を含めた指令2008/101は有効であるという判決を下した。[28]

しかし皮肉なことに，当判決によって米国を始めとする日本や中国などの反発は更に強まった。特に米国の反発は根強く，2012年7月31日には，EU が導入した ETS による規制に対し，運輸長官が米国航空会社に従わないよう指導できるとした法案を下院での可決に続いて上院で全会一致で可決するなど，EU-ETS に徹底的に抵抗する動きを継続している。2012年11月27日には，オバマ大統領が EU-ETS 禁止法案に署名するに至った。

(2)　中国の事例

中国とインドの航空会社10社は，EU に対し CO_2 排出量のデータ提供を拒否しており，このままの深刻な状態が続けば，10社は EU 域内への乗り入れを拒否される恐れが出てきた。また，中国政府は自国の航空会社が EU の規制に従うことを禁止した上，EU への対抗措置として，欧州の航空機メーカーであるエアバス社からの飛行機の購入を中止させた。加えて，EU に対して次回のICAO 総会（2013年）まで EU-ETS の実行を延期してほしいと2012年6月に要望を出した。[29]

EU-ETS の中国の航空会社への適用は，当該航空会社のモニタリングとデータ提出がないと始まらない手続きであり，中国当局からの拒絶と中国の航空会社からのデータ提出拒否にあってその実現が危ぶまれている状況にある。しかしながら，EU による ETS の国際航空への適用の1年延期の一報を受けて，中国の東方航空が中断していたエアバス社の航空機60機の購入を決定したことから，中国政府による EU への対抗措置は緩和されつつある。[30]

5　国内航空と国際航空の区分をめぐる考察

ICAO での排出量削減対策としては，まだグローバル・スタンダードが整備されていない状況を概観した上で，EU-ETS という地域限定的なルールの適用が EU 域外で反発を受けている現状を前節までに確認した。本節では国際航空というグローバルな経済活動と，排出量規制というグローバルな環境問題への取り組みを両立させる上での争点を明らかにしてみたい。

113

EUによるETSには重大な問題点が散見される。その問題点とは，法制度の域外適用の問題である[31]。国際航空において温暖化対策を行うには，EUのような地域主導型規制だけではなく，国際的な調整が必要不可欠である。この調整なしに，リージョナルなルールがグローバルなルールに直結してそのまま適用されることはない。グローバルとリージョナルなレベルでの法制度上の整合性に関わる問題として，本節では国内航空と国際航空の区分による扱いの違いを指摘したい。

　EUはICAO第37回総会（2010年）において，EU-ETSの域外適用を認めるべきだという意見書を提出したが，ICAOの見解は，EU-ETSのようなリージョナルなルールの域外適用には，EUが実行に移そうとしている一元的な適用ではなく，当該の二国間もしくは多国間の相互の合意が必要である[32]というものであった。これはEU-ETSの適用に反対する多くの加盟国の意見の総意でもある。航空会社の世界最大の団体である国際民間航空協会（IATA, International Air Transport Association）[33]も，ETSの導入に関しては世界の航空を1つのセクターとして標準化された制度が必要であると主張しており，国連の専門機関であるICAOにその制度構築の役割を求めている。

　それではなぜEUは反発を受けながらもETSの適用を急ぐのだろうか。それは航空市場統合を達成し，EU域内国際航空と国内航空の区分がほぼ消滅したEUにおいては，ETSを国内の航空会社にだけ適用しても包括的な温暖化対策に結びつかないからである。

　EU域内においては，国際航空と国内航空の区別は現実にそぐわない。EU域内であれば，路線に国際線と国内線の区別はなくなり，輸送力と参入企業数に関する制限が撤廃され，航空運賃を柔軟に設定できるようになっている。EUによる航空市場統合を総括すれば，EU域内において国際航空・国内航空の区別がなくなり，共通のルールが広がったと言える。各加盟国によってパッチワークのように分断されていた航空市場が，EU域内で継ぎ目のない単一市場に統合された。そして，様々な航空サービスの自由化を達成する目的で，ある国の国内輸送を他国の航空会社が行うカボタージュ（他の国の国内路線に就航する権利）も可能となった。カボタージュの実現により，LCCと呼ばれる低価

格の航空会社の新規参入は容易となった経緯がある。LCC の出現と発展が意味することは，EU 域内においては国際便・国内便の区別の意味がなくなったことであると換言できる。

　加えて，それぞれの加盟国によって認可されていた航空事業者のライセンスが，EU によって航空事業者の共通ライセンスとして認可されることになった。これは，EU 域内の国籍と，国際民間航空の基本となるシカゴ・バーミューダ体制での国籍の定義の相違にも結びつくこととなる。懸案となる国籍の問題とは，排出量規制の対象となる飛行機の国籍を指す。国籍に関しては，バーミューダ協定 6 条[34]において規定があり，これが「国籍条項」と呼ばれるものである。これは当事国に所有と支配の帰属する航空企業に特定して権益を付与することを認める条文であり，その結果多くの航空協定では，航空協定上の権益を行使する企業の識別方法として航空企業の指定制度を採用している。一方，域内の航空自由化を達成した EU では，加盟国ごとの国籍ではなく，EU 航空企業[35]（Community Air Carrier）という，EU 独自の域内共通の扱いを定めたルールが存在する。

　したがって，EU が国内航空はおろか国際航空をも ETS の適用対象とすることは，EU からすれば当然の措置である。EU の現状から言えば，ETS を航空に適用する上で国内航空と国際航空を区別して ETS に組み込むのでは，その適用範囲と効力の上で不均衡が生じるからである。しかしながら，EU 域内での国内航空と国際航空の区分の消滅は，他の地域や ICAO などの国際機関によって受け入れられるものではない。EU 域外の国にとっては，未だに国内・国際航空の違いは厳然と存在するからである。

　EU は ETS の導入を目指す一方で，国連重視の姿勢を基本的に崩していない。欧州委員会気候変動担当委員の報道官は，国連の ICAO が国際的な解決策の発効に向け取り組んでいると発言しており，環境分野における EU の国連重視の現れが汲み取れる[36]。また，2007 年 5 月 25 日に締結した EU─米国間のオープンスカイ協定には，15 条 3 項に「ICAO で採択された航空の環境基準に従う」ことが明記されており，ここでも EU が ICAO への働きかけを行いつつ ICAO による規制基準を尊重する姿勢が明らかとなっている。そのため，EU の欧州

委員会はICAOの所在地であるモントリオールに2005年以降事務所を置き[37], ICAOへの働きかけを継続的に行っている。

　以上をまとめると，国際航空における温暖化対策のグローバルな秩序形成の担い手として，EUをはじめ世界各国・航空会社がICAOにその正統性を認めているにもかかわらず，ICAOでは国際的な調整ができず温暖化への具体策を決定できない。このような状況の中，EUが国際航空への環境規制手法の確立に向けて奮闘し，ICAOの次回総会での決議のタイミングを計る目的で国際航空へのEU-ETS導入を1年延期したという意図を読み解くことができる。

6　おわりに

　地球温暖化対策を打ち出した京都議定書は一般に広く認知されているが，国際海運と並んで国際航空から排出される温暖化ガスがその対象外であることはあまり知られていない。この京都議定書で明確に分離された国内航空と国際航空の扱いの違いが，本事例の問題の根底にある。

　グローバルな新秩序を決定すべき国際機関として期待されているICAOでは国際的な調整に苦慮し，そのため決定は先送りとなり，各加盟国の間で見解が異なる事項に対しての決定は下されずにいる。ICAOでは経済的手法を導入するに当たり，具体的な手法や各加盟国の排出量の負担などは未だ決定に至っていない。そのため，国際航空における温暖化対策としてのETSの手法を用いた国際的な規制制度は現時点で確立されていない。

　EUでは，域内において国内航空と国際航空の区分は消滅し，ETSの導入を国内・国際を問わず航空の全領域で実施することを決定しているが，このことが激しい反発を呼んでいる。EUに反発する諸国にとっては国内航空と国際航空の区分は依然として存在しているため，国際航空での温暖化対策をめぐっては，国連の専門機関であるICAOにおいて決定すべきであるという姿勢を関連各国は堅持している。リージョナル・レベルでのEUの一方的なETSの適用に断固反対する各国は，グローバルなレベルでの制度作りが先であると期待しているのである。EUとしては，2013年のICAO第38回総会（9月24日—10月

第5章　国際航空における地球温暖化対策の取り組み

4日）において航空というセクター別の排出量規制手法を確立させることが目的で，ETSの国際航空への導入の1年延期を2012年11月に表明したのであった。

ICAOによるグルーバルな新秩序はまだ形成されておらず，国際・国内の区分が消えた自由な航空市場を擁するEU域内でのEU-ETSの導入に対してICAOではどう応えていくのか，現時点でその指針を明確に出しているとは言い難い。国際航空での温暖化対策の取り組みに関しては，グローバル・レベルでの規制制度が形成される以前に，リージョナル・レベルにおいて国内航空と国際航空の区分がない単一市場が誕生しており，ここで温暖化対策の新規制手法の導入が決定されている。本章の事例は，域内で共通航空市場を達成したEUが国際航空と国内航空を区分しない包括的な温暖化対策を提案している点で，国際航空分野での具体的な温暖化対策を決められない国際社会において，波紋を投じている事例だと言えるのではないだろうか。

【注】
1　1944年11月シカゴで開催された国際民間航空会議において，国際民間航空条約（シカゴ条約）が作成され，1947年4月4日，同条約に基づいてICAOが国連の専門機関の1つとして発足した。加盟国は191カ国（2013年2月20日現在）である。
2　京都議定書2条2項では，「付属書Ⅰに掲げる締約国は，国際民間航空機関および国際海事機関を通じて活動することにより，航空機用および船舶用の燃料からの温室効果ガス（モントリオール議定書によって規制されているものを除く。）の排出の抑制または削減を追求する。」とある。なお，ここでの締約国とは，排出量の削減義務のある先進国を指す。
3　1990年を基準年とし，第一約束期間である2008年から2012年の間で，日本は6％，1997年当時のEU（15カ国）は8％を削減することとなっている。この削減目標達成のために，京都議定書では補助手段が規定され，2001年11月のマラケシュ合意により，補助手段の制度化が進んだ。
4　京都メカニズムには，京都議定書6条に規定された共同実施（Joint Implementation），同議定書第12条にあるクリーン開発メカニズム（Clean Development Mechanism），および17条に明記の排出量取引制度（ETS）の3つの手段がある。
5　ICAOがIPCCに依頼した報告書「航空と地球の大気に関する特別報告書」（1999年）に対する第4回査定報告書（IPCC AR4）の中の数字である。その後のICAO環境報告書2010年版（"ICAO Environmental Report 2010"）においても見積もりは変わっていない。
6　ICAO 2010, op. cit.
7　Ibid.
8　「国際標準」とは国際航空の安全・統一的運用のために全ての締約国を対象として適用

される規定であり，原文には "shall" が使われている。一方，「勧告方式」は全ての締約国に適用されることが望ましい規定で，"should" が使われる。

9 ICAO の中の CAEP サイト（http://www.icao.int/ENVIRONMENTAL-PROTECTION/Pages/CAEP.aspx）を参照されたい。

10 ICAO の仕組みについては，西村忠司「国際航空の排出量取引——地球温暖化防止に向けた国際航空の経済的手法のガイダンス——（前編）」『運輸と経済』第67巻第7号，(2007年)，58-63頁参照。なお，西村自身が ANA 総合研究所主席研究員として CAEP の中の排出量取引対策本部（Task Force）に参加して議論に加わった経験を持つ。

11 CAEP メンバーの23カ国とは，アルゼンチン，オーストラリア，ブラジル，カナダ，中国，エジプト，フランス，ドイツ，イタリア，日本，オランダ，ナイジェリア，ポーランド，ロシア，シンガポール，南アフリカ，スペイン，スウェーデン，スイス，チュニジア，ウクライナ，英国，米国（以上英文表記のアルファベット順）であり，オブザーバーとしては，ギリシャ，ニュージーランド等の ICAO 加盟国のほか，国際空港協会，アラブ民間航空委員会，EU の執行機関である欧州委員会，環境 NGO の ICSA（持続可能な運航のための国際合議），国際民間航空輸送協会（IATA），国連気候変動枠組条約事務局などの航空と環境の関連業界団体が名を連ねている。前掲注9を参照。

12 ICAO, Environmental Report 2007, p. 108. 経済的手法についての概略は，ICAO のサイト（http://www.icao.int/environmetal-protection/Pages/market-based-measures.aspx）に載っている。

13 特に15条には，「いずれの締約国も，他の締約国の航空機，またはその航空機上の人や財産が自国領域の上空を通過し，同領域へ入国またはそこから出国する権利のみに関しては，手数料，使用量，その他の課徴金を課してはならない。」と記されている。

14 ICAO 2007, op. cit., p.109.

15 山口光恒「国際航空部門における論議と EU ETS（前編）——ICAO のこれまでの経緯：主張食い違う先進国と途上国——」『ECO マネジメント（日経 BP オンライン）』，2011年2月28日公開，3頁。(http://premium.nikkeibp.co.jp/em/column/yamaguchi/97/03.shtml)

16 ICAO, Environment Brochure および ICAO 決議37-19。この決議は前回第36回総会での決議の付属文書 L などを代替する。(legacy.icao.int/icao/en/Env2010/Pubs/ICAO_EnvBrochure_en.pdf)

17 山口光恒，「国際航空部門における論議と EU ETS（中篇）——一般論に終始しかつ表面的：ICAO による取り組みの評価——」『ECO マネジメント（日経 BP オンライン）』，2011年3月14日公開，2頁。(http://premium.nikkeibp.co.jp/em/column/yamaguchi/98/02.shtml)

18 European Commission, "Air Transport and the Environment Towards Meeting the Challenges of Sustainable Development", COM(1999)640 final.

19 これらの3カ国は，EU と共に単一市場を形成する欧州経済領域（EEA, European Economic Area）に属する国々である。

20 EU-ETS に関しては以下の邦文文献を参照されたい。久保広正・田中友義編著『現代ヨーロッパ経済論』（ミネルヴァ書房，2011年）138-160頁。由布節子「第6章 排出量取引に関する日 EU 比較」庄司克宏編著『EU 環境法』（慶應義塾大学出版会，2009年）

219-252頁。臼井陽一郎「第7章　EUの環境政策と規制力」，遠藤乾・鈴木一人編『EUの規制力』（日本経済評論社，2012年）145-160頁。
21　航空部門でのEU-ETSについての主な文献は以下の通りである。阿部泰典「航空と排出量取引」『運輸と経済』第70巻第11号，（2010年11月），61-67頁，遠藤伸明「ベストプラクティスとしてのEU国際航空政策――オープンスカイと排出量をめぐる展開――」『運輸と経済』第67巻第5号，（2007年5月），33-40頁，岡田啓・塩見英治「EUの排出権取引制度への航空部門組み入れとその課題」『国際公共経済研究』第20号（2009年）113-124頁，岡野まさ子「国際民間航空と地球環境問題」『航空政策研究会シリーズ』第551号（2012年10月25日），1-36頁，高村ゆかり「EUの航空機二酸化炭素排出規制」『法学セミナー』10号，（日本評論社，2012年）10-13頁のほか，英文では以下の論文が参考になる。Malte Petersen, "The Legality of EU's Stand-Alone Approach to the Climate Impact of Aviation: The Express Role Given to the ICAO by Kyoto Protocol", *Reciel*, Vol. 17, No.2, 2008, pp. 196-204, Martin Staniland, "Regulating Aircraft Emissions: Leadership and Market Power", *Journal of European Public Policy*, Vol. 19, No. 7, September 2012, pp. 1006-1025.
22　Directive 2008/101/EC (Directive 2008/101/EC of the European Parliament and of the Council of 19 November 2008 amending Directive 2003/87/EC so as to include activities in the scheme for greenhouse gas emission allowance trading within the Community), 3f条参照。(*Journal Officiel*, January 13th, 2009, L8/10)
23　"Stopping the clocks of ETS and aviation emission following last week's International Civil Aviation Organisation (ICAO) Council", *Europa*, Press Release, November 12th, 2012 (http://europa.eu/rapid/press-release_Memo-12-854_en.htm) and *Flight International*, January 8th, 2013. この言葉は欧州委員会のC. ヘデゴー（C. Hedegaard）気候変動担当委員の発言の中に見出せる。
24　前掲注13参照。
25　*Financial Times*, February 8th, 2012.
26　資料5-2は各国別のランキングのため，地域別の輸送力は載っていないが，地域としてはEUが世界最大の輸送力を誇る。資料5-2の世界の国際輸送力トップ10のうち，EU加盟国の3位ドイツ，4位英国，6位フランス，8位オランダのシェアの総和（22.08％）は，第1位の米国のシェア（15.14％）を既に越えていることから推測される。
27　EUと米国のオープンスカイ協定締結に関しては，河越真帆「第9章　航空政策におけるEUの規制力」遠藤・鈴木編・前掲注20，181-197頁を参照のこと。
28　Court of Justice of the European Union, *Press Release No.139/11*, Judgment in Case C-366/10 (http://curia.europa.eu/jcms/upload/docs/application/pdf/2011-12/cp110139en.pdf.)
29　*Financial Times*, June 12th , 2012.
30　*Flight International*, Jan. 8th, 2013.
31　工藤聡一「航空排出権紛争の行方」『法学紀要』第53巻（2012年3月）313-355頁および中西優美子「国際法に照らしたEU航空排出枠取引制度指令の有効性」『国際商事法務』Vol. 40, No. 10, （2012年）1604-1610頁を参照されたい。
32　ICAO, Resolution A-37-19, *op. cit.*

33 詳細は，IATA のサイト（http://www.iata.org/）参照。
34 バーミューダ協定6条には，当事国に所有と支配の帰属する航空企業に特定して権益を付与することを認める規定がある。
35 木名瀬百代「航空企業のオーナーシップと航空協定上の指定制度の問題」『空法』第47号（勁草書房，2006年）5155-5180頁。
36 臼井陽一郎「気候変動問題の構成と国際共同行為の展開――気候変動レジーム・国際環境計画・欧州連合――(3)」『慶應法学』第8号（2007年）101頁。
37 欧州委員会のモントリオールでの代表部（representative）については，関連サイト（http://ec.europa.eu/transport/modes/air/international_aviation/european_community_icao/）を参照のこと。

第6章　EUと加盟国によるGMO規制
―― 科学的リスク評価をめぐるWTO紛争を超えて ――

安江則子

1　はじめに

　グローバルな貿易自由化と農業環境のあり方について，欧州とアメリカの間には考え方に違いがみられ，遺伝子組み換え作物（GMO, Genetically Modified Organisms）の栽培や輸入に関しても，リスク管理，特に「予防原則」をめぐって対立を深めた。

　GMOの商業栽培は1996年に開始され，2009年には，アメリカでは6400万haの栽培面積をもつまでになった。栽培品目は，大豆，綿，トウモロコシ，菜種の4種が多い。EU域内では，2011年の時点で，チェコ，スペイン，ポルトガル，ルーマニア，スロベキア，スウェーデンの6カ国でGMO栽培が行われている。フランスでは2007年まで，ドイツでは2008年までGMO栽培の経験があるが，その後，商業栽培は停止された。EU域内で最も作付面積が多いのは，スペインで，約8万haである。

　1990年代半ば，欧州ではBSE問題などを契機に，「食糧安全」が重大な関心事となった。EUにおいて，GMOの研究開発は加盟国ごとに進められていたが，実用化が進むと通商政策において権限をもつEUがGMOの域外からの輸入や製品の流通の問題を扱うようになった。GMOの栽培に対する政策は加盟国にも権限があり，国によっても相違がある。たとえばフランスは，当初GMOの研究開発に熱心であったが，1997年から98年に，反GMOの大規模な市民運動を経験し，政策が転換された。2000年代に入ると，EUレベルで域内での

GMO 栽培や流通に関する承認手続きや規制措置が具体化された。さらに，EU 域内での GMO 種子の栽培（環境への意図的放出）や，商品としての域内自由流通に関して，GMO 規制は，商品表示やトレーサビリティなどを含む問題に発展した。多くの政策分野，たとえば，研究開発，産業政策，通商政策，農業政策，食糧安全，環境政策，消費者保護などにまたがる複雑な問題としての性格を強めており，利害関係者も多岐にわたる。

　EU は，GMO の承認停止（モラトリアム），また，加盟国によるセーフガード措置などについて，GMO の開発と商品化に力を入れるアメリカとの対立を鮮明化させ，WTO における貿易紛争に発展した。WTO の裁定後も，EU では GMO のリスク管理のあり方をめぐって新たな議論が展開されている。

　本章では，EU における GMO 規制の経緯および到達点を示し，グローバルな貿易自由化とかかわる GMO 問題の特質を明らかにしたい。まず，EU と加盟国による GMO 承認や規制の展開を示し，次に，EU による GMO 承認や規制手続きをめぐって展開された2006年の WTO 紛争について検証する。最後に，WTO 紛争後の EU における GMO のリスク管理の動向を探る。

2　EU による GMO 承認手続き

　EU と加盟国の GMO 規制は，栽培に関する規制と，輸入または栽培した GMO の表示およびトレーサビリティに関する規制に大別できる。栽培規制に関しては，まず1990年に，研究開発のための閉鎖的使用に関する指令[6]と，栽培に関する指令（旧環境放出指令）[7]とが策定された。研究開発に関しては，加盟国が独自に許可を出すことが認められていた。商業栽培については，2001年に新たな「環境放出指令」に置きかえられ，さらに2003年に，後述する GM 食品および飼料に関する規則が採択されている。GMO を含む食品・飼料については，EU レベルでの GMO 承認手続きが定められた。

(1)　EU による GMO 規制

　2001年指令では，GMO の安全性審査については EU が責任を負うが，安全が EU レベルで承認された GMO の栽培にあたっては，加盟国が独自にルール

を策定し，それを欧州委員会に報告するという形をとっていた。承認されたGMOを自国で栽培しようとする加盟国は，いわゆる「共存（co-existence）ルール」の策定が義務づけられている。

共存ルールとは，伝統農業，GMO栽培，そして有機農法（GMOや化学農薬を使用しない）の3つの形態の農業の中から，生産者が自由に選択できることを目的とするもので，栽培時の一般作物との隔離距離や分別管理方法，GMO栽培の通知義務，補償制度などを加盟国が定めることになっている。ところが，スペインなど実際にGMOを栽培していても共存ルールを策定していない国もある。また交雑防止のための隔離距離も，国ごとに大きな開きがあり，EUでは作物ごとの共存ルールの調和を図ることを模索している。2003年にEUは，法的拘束力のない「GMOと伝統・有機農業との共存に関するガイドライン[8]」に関する欧州委員会勧告を公表し，2010年に新たな勧告に更新されている。欧州委員会は，共存ルールに関する情報交換や調整の場を設けているが，現在のところ，加盟国の国内措置は国によってかなりばらつきがある[9]。

通商政策としてのGMO商品の輸入や流通と異なり，いったんEUで承認されたGMOの商業栽培に関しては，加盟国の国土利用に関する権限が尊重される。ただし2003年にEUが採択した「GM食品・飼料規則[10]」によって，食品や飼料に利用されるGMOについては，欧州委員会や，EUレベルのリスク評価機関である欧州食糧安全庁（EFSA, European Food Safety Authority）[11]のGMOパネルが，より重要な役割を果たすようになった。

2003年の食糧・飼料規則では，GM食品・飼料に関して，リスク評価の手続きが大幅に変更された。2001年の環境放出指令の下では，それぞれの加盟国で国内法化が求められたが，多くの国では遅延していた。2003年の規則は，施行と同時に，加盟国や私人に対して直接に法的効力をもつ。ただし，2001の年環境放出指令は廃止されたわけでなく，2003年規則が適用にならない食用・飼料用以外の植物，たとえば観賞用の花の栽培などについては有効である。

2003年規則では，GMO栽培に限らずGMO製品の輸入，加工を含む食品・飼料の承認の手続きが規定され，以下のようになった。

① 加盟国の担当機関に送付された GMO に関する申請は，ただちに EFSA に送付される。EFSA は 6 カ月以内に意見を提出する。
② すべての加盟国は，EFSA のエクストラネットを通じて申請の内容にアクセスすることができる。
③ 加盟国は，申請に対し反対意見を述べ，またコメントをすることができる。
④ EFSA は，6 カ月以内に科学的助言という形で，科学的リスク評価を行う。
⑤ EFSA は，欧州委員会に，規則で求められているあらゆる情報と共に意見を提出する。
⑥ 意見はその全体が，EFSA および欧州委員会のウェブサイトで公表される。
⑦ 欧州委員会は，その意見を30日間パブリック・コメントに付す。
⑧ 欧州委員会は，EFSA の意見を参考に，加盟国の代表からなる規制委員会（regulatory committee）に提案をする。それは EFSA の意見と異なるものであってもよい。
⑨ 規制委員会は，加盟国のもち票数の合計から特定多数決（3分の2）で意見を採択する。もし規制委員会が意見を採択しないか，あるいは否決した場合，欧州委員会は，提案を担当の閣僚理事会に送る。閣僚理事会が採択しなかった場合，欧州委員会がそれを専権的に採択する。

　EFSA は，審査の段階で意見の提出に必要なデータが不足している場合は，申請者にそれを提出するよう求めることができる[12]。EFSA は，対象となる GMO と，同種の非 GMO との比較によって安全性の審査を行う。申請された GMO の大部分は輸入とその加工に関するもので，栽培に関する申請は約15％である。なお，この手続きで承認された GMO の有効期間は10年間で，その後は再申請をして EFSA によって再度リスク評価を受ける[13]。

　輸入される GMO に関して，従来から，EU ではいわゆる「ゼロトレランス」を採用し，微量でも未承認 GMO が混入されているのが検出された場合は，輸入は水際で拒否されていた。しかし，この制度は，年間約4000万トンを超える GMO 飼料を輸入する域内の畜産業界の不興をかった[14]。こうした背景の下，2011年，未承認 GMO の微量混入（LLP, low-Level Presence）について，飼料用に限り，0.1％まで認めることになった[15]。混入が認められるためには，EU のリスク評価機関である EFSA に安全性審査を出してから 3 カ月経過していることなど一定の条件があり，EU によれば，ゼロトレランス政策は基本的に維持されている。

(2) EUによるリスク分析と「予防原則」

　EUにおいて食糧安全に関するリスク分析は，3つの段階，すなわち「リスク評価」(risk assessment)，「リスク管理」(risk management)，「リスク・コミュニケーション」(risk communication) によって行われる[16]。このうち，EFSAは，EUの主要機関が行う立法やコントロール「リスク管理」以外の任務を担う。まず，リスク評価は，利用可能な科学的根拠に基づき，独立し，客観的で透明な手段によって科学的助言を行うことである。リスク管理は，条約に定められた権限に従い，EFSAの行ったリスク評価の結果と，その他の社会的影響など，より広い考察に基づいて「予防原則」に基づき実施される。リスク・コミュニケーションは，リスク分析のプロセスにおいて，リスク評価機関であるEFSAが，政策決定（リスク管理）機関やその他，消費者団体や関連企業といったステークホルダーとの間で，情報および意見の交換を行うことである。

　EUの機関が行うリスク管理においては，「予防原則」(precautionary principle) が適用される。予防原則は，後述するカルタヘナ議定書など，環境条約において発展してきたが，その解釈について統一的見解が示されているわけではない。2000年2月，EUの欧州委員会は，「予防原則に関するコミュニケーション」[17]を公表している。さらに，2002年の「食糧安全規則」[18]において，EUは，特別の事情の下で，「健康に害を及ぼすおそれはあるが，入手可能な情報に基づいたリスク評価によっても科学的に十分解明されていない場合」，「高レベルの衛生管理の必要性に基づき，さらに追加的なリスク評価がなされるまでの間，暫定的なリスク管理を行う」ことが認められている。政策決定者は，必要な科学的情報が不足する段階で，環境や健康へのリスクを排除する必要性と，個人や団体の自由な経済活動の保護および社会的な影響力を勘案し，とるべき行動を選択することになる。

　予防原則に基づくアプローチの実施は，まず，できる限り完全な科学的評価から開始されるべきであるが，定量化の可能な評価について科学的根拠が得られない場合においては，科学的不確実性の度合いを確認することになる。リスク管理の選択にあたって，できる限りすべての利害関係者が関与し，その手続きは透明であるべきであるとする。そのうえで，政策決定者は，健康または環

境の保護について社会が選択した水準を達成できそうな措置をとることになる。

予防原則の適用にあたっては，先述のコミュニケーションにおいて，次のような基準が示されている。①必要以上に貿易に制限的でないこと（均衡の原則），②差別的取り扱いをしないこと（無差別性），③すでにとられた措置との整合性を確保すること（一貫性），④コストベネフィットを考慮すること（費用便益），⑤暫定措置が取られた場合，科学的データの入手に努め，再検討すること（再検討），⑤企業によって安全であるという証明がなされない限り，危険があるものとして扱う（挙証責任の転換），である。この基準は，「食糧安全規則」においても採用されているが，「費用便益」という用語は使われず，代わりに「技術的・科学的フィージビリティや他の正当な要因」を考慮するとされている。

しかし，国際社会において，予防原則に関する解釈は一様ではなく，WTOの加盟国の間で見解を一致させる必要性が唱えられてきた。後述するようにWTOにおけるアメリカとの対立は，こうした予防原則に関する解釈の相違が根底にある。

3　加盟国による規制とトレーサビリティ

(1)　加盟国によるGMO規制

2001年のGMO環境放出指令は，加盟国による国内法化が必要であったが，多くの国が遅延していた。フランスは，1990年の旧指令については直ちに国内法化し，GMOの実験栽培にも積極的であったが，現在ではむしろアンチGMOの国となった。1996年から99年までの時期，フランスではGMOの促進か反対かをめぐって政策が二転三転する。2001年の環境放出指令は2003年までに国内法化する義務があったが，結局，2008年までなされなかった。GMOに関する立場は政党による相違というよりは，EUとの関係や，GMOのリスクをめぐる科学者間のグローバルな議論の動向に影響されている。その背景には，BSE問題で食の安全に関心が高まったこと，GMOが単なる技術の問題に留まらず，環境や生態系そしてグローバル化時代の農業の在り方が問われていることがある。

1990年代半ばまでは，環境主義者の中にも，農薬の減量につながるならGMOの研究開発や栽培を推進すべきという立場の者もいた。他方，農業団体には，フランスでGMO栽培が認められなければ農業の競争力低下になると危惧を表明した団体がある一方で，強硬な反対をする団体もあるなど，対立軸は複雑である。

フランスにおいては，環境問題全般に対する社会の認識も，この時期大きく変容している。シラク大統領時代の2004年に，第5共和政憲法の前文が改正され，環境はフランス憲法において人権とならぶ価値を与えられ，「環境憲章」(La Charte de l'Environnement)[20]が採択された。サルコジ大統領のもとで施行された2008年GMO法[21]においても，環境憲章を援用して次のように規定されている。「GMOを消費し生産するか，GMO抜きの消費・生産をするかの自由は，2004年の環境憲章に規定された予防，防止，情報公開，参加および責任の原則を尊重し，またEUの規則を尊重して，環境の一体性および伝統的・高品質農業を損なわない限りで認められる」（2条）。

2008年，フランスにおいてようやく施行されたGMO法は，国内においてGMO栽培を認める手続きを定めたものではあるが，強い規制の下に置かれている。

2008年法の下でフランスは，バイオテクノロジー高等評議会（HCB, Haut Conseil de Biotechnologies）を設置した[22]。HCBには，自然科学者の他に法学・経済学・社会学の研究者から構成される「科学委員会」と企業，環境団体，消費者団体の代表者を含む「経済倫理社会委員会」の2つの下位委員会が設けられた。担当省庁からの諮問に応じて，それぞれ，科学的助言と倫理や社会経済的視点からの意見表明が提出される。このように，フランスにおいては，GMOに関して，科学的リスク評価に加えて，社会経済的な側面からも検討が加えられ，包括的なリスク管理が実施されることになった。HCBは，GMOリスク評価について，2009年からEFSAとの協力関係を築いている。

(2) トレーサビリティと表示の問題

GMOに関するもう1つの論点として，流通段階における表示義務とトレーサビリティがある。EUにおいて輸入や流通が承認されたGMO食品および飼

料は，一定のルールに従って表示されることが義務づけられる。表示ルールは，実際の製品の流通において，消費者に適切な情報を提供し，選択の自由を与えるもので，EUにおける食の安全に関する政策の重要な柱とされている。表示ルール問題がEUレベルの議論で決着するまでGMO生産を控えるという業者もあり，表示の問題は栽培や加工品生産にも大きく影響した。

　EUにおいて，GM食品の表示義務に対する規制は，1990年代からしだいに厳格化された。1990年，EUによる最初のGMO指令において表示義務は，一般的な表現でのみ言及があった。その後1997年の「新規食品規則」において，表示義務が最初に規定された（2003年規則により廃止）。1998年には，GMO食品に対する規制が強化され，1997年の規則以前から生産，流通していたGM大豆やトウモロコシについても，表示義務の対象となった。さらに2000年の規則により，一般の消費者に対してのみならず，外食産業を対象とした製品に対しても表示が義務づけられた。2001年に「食糧安全白書[23]」が公表され，そして2002年にEFSAが設立されると，すべての食品の表示およびトレーサビリティに関する原則が確立された。

　さらに2003年には，表示およびトレーサビリティに関連して2つの規則が採択された。1つは，前述の「GM食品・飼料規則[24]」，そしてもう1つは，「GMOの表示およびトレーサビリティ，ならびにGMOから生産された食品および飼料製品のトレーサビリティに関する規則[25]」である。「GMO食品・飼料規則」は，欧州委員会の保険・消費者保護総局が担当し，後者は環境総局が担当する。

　規則の適用範囲としては，GMOから製造された製品は，たとえそれにDNAやたんぱく質が含まれなくても表示義務がある。ただし，GMOが加工補助として使われるチーズなどのように，最終的な製品にGMOが残されていなければ表示義務はない。また，GMOが偶発的に混入された場合，その個々の原料が全体の0.9％未満であれば，表示およびトレーサビリティに関する規制は免除される。これは日本やアメリカなどでは義務づけられていないことで，食品業者には負担となる。アメリカでは，州単位で表示義務を課そうとする動きがあったが，食品表示は連邦の権限とされた。

　いわゆる「GMOフリー」の表示はEUレベルでは義務づけられていないが，

加盟国レベルでは、こうした表示について定めている国もある。たとえばフランスでは、2008年の法律で、消費者に"sans OGM"（GMOフリー）を選択する権利を保障している。大手食糧販売チェーンでも、GMOを販売しないことを明言するところもあった。

このように欧州各国では、全体としてGMOに対する一般市民の抵抗感は強いものがあるが、EUのGMO承認をめぐる対応は、WTOを舞台にGMO大国アメリカとの間で紛争となった。

4 アメリカによるWTOへの提訴

(1) アメリカとの対立——科学的評価をめぐって——

1990年代半ば、EU諸国ではBSEの人間への感染が明らかになり、人々は食品および食糧の安全性に非常に敏感になっていた。また1997年に、大量のGMO大豆がアメリカから輸入されたことは、欧州市民の間でGMOの安全性をめぐる議論を巻き起こした。こうした中、EUでは1998年10月から、新たなGMOの承認は停止された。1999年には科学雑誌NatureにGMOの危険性を指摘する論文が掲載されたことも、欧州でのGMO不信をつのらせた。もっとも、発端となったGMO大豆は、今日では家畜の飼料としてEU域内に多量に輸入されている。

2003年5月、アメリカは、欧州における反GMOの活動が、途上国など世界の他の地域にも拡大することをおそれ、WTOパネルへの申立てに踏み切った。アメリカは、カナダおよびアルゼンチンと共に、EUを相手に、GMOの承認手続きおよび加盟国のセーフガードをEUが容認していることに対し、WTOのパネルに申立てを提起した。[26]争点は以下のとおりであった。

第1に、EUによるGMOの一般的な新規承認手続きの停止措置（モラトリアム）が、WTOに付随する「植物衛生検疫措置の適用に関する協定」(SPS, Sanitary and Phytosanitary Measures。以下「SPS協定」とする) 5条1項に違反する。第2に、個別のGMOに対する承認不履行がSPS協定付属書Cの1条(a)に違反する。そして第3に、6つの加盟国において実施されている特定GMOのセー

フガード，すなわち EU で承認済みの GMO を加盟国が暫定的に禁止する措置が，十分な科学的なリスク評価に基づいておらず，SPS 協定 5 条 1 項および 2 条 1 項に違反する，というものである。

当時，EU の 6 カ国（オーストリア，フランス，ドイツ，ギリシャ，イタリア，ルクセンブルグ）は，EU レベルで承認済みの GM トウモロコシと GM 菜種の輸入を禁止するセーフガードを実施していた。この措置に関して，アメリカは，EU が加盟国に対して適切な措置を実施しなかったことに責任があると主張した。

さらに，WTO での争点と直接には関わらないが，GMO 問題について，アメリカの通商代表ゼーリック（当時）は，GMO について次のような見解を示した。「バイオテクノロジー食品は，世界を飢餓から保護するものであるが，EU は WTO の義務を守らず，科学的根拠のない貿易障壁が取り払われていない。世界の農民や消費者に大きな利益をもたらす可能性をもつ技術の利用を妨げている」。後述するように，こうした見解は多くの EU 諸国や国民から反発を招いた。

(2) EU の主張

WTO への申立てに対し EU はどう反論したであろうか。EU のラミー通商問題担当委員（当時）は，これまでも EU は安全と評価できる GMO の承認を行ってきたし，今後もその予定であると述べた。そして EU が独自の科学的安全評価を行って，アメリカで安全とされたものを承認しなくとも，それが WTO 違反を構成するものではなく，またアメリカが指摘している承認の「不当な遅延」についても国際的な合意はないと主張した。EU は，GMO 環境放出指令の国内的実施を遅らせている加盟国に対して，必要な措置はとってきたと反論した。

また，EU は，多くの国が批准している国際条約「生物多様性条約のバイオセイフティーに関するカルタヘナ議定書」（Cartagena Protocol on Biosafety，以下「カルタヘナ議定書」とする）[27]を援用して，EU の行動を説明し，また GMO のリスク評価についてカルタヘナ議定書などで国際社会に広く認められている「予防原則」の適用を主張した。しかしこの点について，パネルは，カルタヘナ議定書をアメリカが調印していないことから，ここで適用することはできないと

判断した。加盟国のセーフガードについては、EU法上では一定の条件のもとで加盟国に認められた権利であるが、WTOではそれがSPS協定に従った科学的リスク評価に基づいていない点が問題となった。SPS協定の2条では、「加盟国は、衛生植物検疫措置を、人、動物または植物の生命または健康保護のために必要な限度において適用すること、科学的な根拠に基づいていること、および5条に規定する場合を除き、十分な科学的根拠なしに継続しない」ことを求めている（下線は筆者）。

もっとも、先に紹介したEUによる「予防原則に関するコミュニケーション」においては、SPS協定にも、その5条7項において予防原則が示されているという。すなわち「加盟国は、関連する科学的根拠が不十分な場合には、関連国際機関から得られる情報および他の加盟国が適用している衛生植物検疫措置から得られる情報を含む入手可能な適切な情報に基づき、暫定的に衛生植物検疫措置を採用することができる。そのような状況において、加盟国は、一層客観的な危険性評価のための必要な追加の情報を得るよう努めるものとし、また、適切な期間内に当該衛生植物検疫措置を再検討する」。

また、WTOは成長ホルモン事件において、5条7項が予防原則の妥当性を失わせるものでないことを確認し、加盟国は、自国の衛生の保護水準を定める権利をもち、「その水準は、現行の国際水準、指針および勧告に定められるものよりも高い水準の場合もある」ことを認めている。

さらに、アメリカが、途上国において飢餓や栄養失調の改善を唱えつつ、GM食品や作物を途上国に売り込む戦略をとっていることについて、EUは厳しく批判している。EUは途上国への食糧支援にあたって、可能な範囲で地域から調達することを目指しており、これは地域の発展や生産者にインセンティブを与えるものである。現在のところ、GMOはその75％が除草剤耐性、17％が害虫抵抗性のものであるが、途上国において除草剤の使用は一般的ではないし、途上国の気候風土、たとえば乾燥地での栽培や酸性の土壌での栽培を可能にするといった性質のものは実用化されていない。したがって、GMOはアメリカの主張するように、途上国の飢餓撲滅のために必要な技術とはなっていないと反論した。GMOが世界の飢餓を救うという論理は、アフリカの一部の国

からも GMO 食糧による支援拒否などの形で否定されている。ただしこの背景に，EU による開発援助政策が関係している点も問題を複雑にしている。いずれにせよ，こうした場外でのやり取りは，本来，科学的リスク評価に政治的要素が入ることを嫌う WTO の紛争解決の理由づけには不適切であろう。

(3) WTO パネルの裁定

2006年9月，3年以上の審議を経て，パネルの判断が示された[30]。パネルは，EU の一般承認手続きの停止措置（モラトリアム）については，それ自体では WTO の SPS 協定に基づくものではないので，違反にはあたらないとしたものの，承認手続きの「不当な遅延」は，SPS 協定に違反すると判断した。また EU の6加盟国が実施していたセーフガードについては，SPS 協定が求める「十分な科学的根拠」がなく，必要な危険性評価の要件がみたされておらず，違反を構成すると判断した。

GMO の禁止措置と科学的な危険性評価との関係については，EU の主張する「予防原則」の適用が問題となった。SPS 協定では，保護貿易主義に対し，人および動植物の健康保護のために必要な措置と，それを表向きの理由として輸入を禁止しようとする恣意的な措置とを区別するために，科学に基づくリスク評価を求めている。他方で，カルタヘナ議定書やその他の環境条約などでは，「予防原則」が重視される。重大かつ不可逆的な環境および健康への悪影響の可能性が指摘される場合，それが科学的に証明されない場合であっても，予測されるリスクの大きさにかんがみ，予防的措置をとることができるというものである。

2006年の WTO の裁定は，SPS 協定のいうリスクの「科学的根拠」を厳格に捉え，おおむねアメリカの主張を認めるものであった。EU 側が言及したカルタヘナ議定書は，当時160カ国以上が批准している環境条約であるが，その原則について，WTO はその援用を拒んだ。アメリカを中心とする GMO 輸出国からなるマイアミグループ[31]は，カルタヘナ議定書の締結交渉において，GMO の貿易促進の立場から予防原則を退ける主張を展開した。他方，EU は，開発途上国グループ（同志グループ，like-minded group）とともに，GMO の安全性を確保するための規制は当然の措置だと主張した。結局，妥協が図られ議定書は

採択されたが、アメリカは署名もしていない。カルタヘナ議定書の10条6項には、「改変された生物が輸入締約国における生物多様性の保全および持続可能な利用に及ぼす可能性のある悪影響（人の健康に対する危険も考慮したもの）の程度に関し、関連する科学的情報および知識が不十分であるために科学的な確実性のないことは、当該輸入締約国がそのような悪影響を回避しまたは最小にするため、適当な場合には、当該改変された生物の輸入について」決定をすることを妨げないとする。その決定とは、10条3項で示されているように、(a)条件付きまたは無条件で輸入を許可する、(b)輸入を禁止する、(c)追加的な関連情報を要請する、ことである。

「予防原則」は、その規定のされ方や解釈によっては、挙証責任の転換などを伴うとされる場合もあり、貿易障壁の撤廃を目的とするWTOのパネルは、EUの主張する予防原則の採用には消極的であった。アメリカと欧州諸国では、GMOをめぐるリスク管理の考え方において相容れない立場の相違がある。

(4) 欧州における反GMO活動の広がり

EUは、WTOに提訴されたこともあって、6年間のモラトリアムの後、2004年から2008年までに、新たに17のGMOの市場流通を承認した。しかし、農業や環境問題の閣僚理事会では承認のための必要な票数を集められず、欧州委員会の独自のイニシアティブで決定されるケースも多い。

GMOの承認問題では、EUは主要機関の間において見解が対立している。EUの霞が関である欧州委員会は、WTOの圧力もあって栽培や流通を科学的評価に基づいてより広く認めようとするが、加盟国の代表として農業や環境担当大臣から構成される閣僚理事会では、国内世論を反映して全く異なった態度がとられる傾向がある。

たとえばフランスでは、EU指令を国内法化するGMO法が採択される2008年までの時期、各地で暴力的な反GMO活動が展開された。発端となったのは、1997年、アメリカの巨大企業モンサント社の実験農場で、フランス第2の農業組織である農民連盟（Confederation Paysanne）のメンバーがデモを行い、GM菜種を不法に刈り取った事件であった。その後、10年近くにわたって、トウモロコシや菜種といったGMOが、反GMO民間団体による不法刈り取り

資料 6-1　EU による GMO 規制の歩みと関連事項年表

1990年代	EU による規制が開始
1990年	EU「旧環境放出指令」
1998年	EU による GMO 承認モラトリアム（2004年まで）
1999年	Nature に生態系への悪影響についての論文公表
2000年	EU「予防原則に関するコミュニケーション」
	GMO 食品の表示義務化
	カルタヘナ議定書採択（2003年発効）
2001年	新環境放出指令（環境放出指令の改定）
2002年	「食糧安全規則」採択，欧州食糧安全庁（EFSA）の設置
2003年	EU「GM 食糧飼料規則」「トレーサビリティ規制」
	「共存ルール」ガイドライン策定（欧州委員会）
	アメリカが WTO に EU を提訴
2004年	EU が，GM モラトリアムを停止，GM トウモロコシを承認
	フランス憲法に「環境憲章」，予防原則が憲法上の原則に
2006年	WTO による GMO 裁定
2007年	欧州委員会がフランスを提訴（2001年環境法出指令の国内法化の遅延）
2008年	フランス GMO 法採択，GMO 規制強化へ
2010年	EFSA が「GMO の環境影響評価ガイダンス」策定
2011年	「GMO の社会経済的インプリケーションに関する報告書」（欧州委員会）

（faucheurs volontaires）が行われたり，非 GMO を混入されたりする事件が相次いだ。これらの不法活動家らは逮捕，起訴されたが，一般市民の同情は大きかった。[32]

また，他の欧州諸国でも，地方自治体が独自に「GMO フリーゾーン」を宣言するなど，反 GMO の運動は活発化した。GMO は，アンチ・グローバリストの象徴的ターゲットとされたのである。ドイツにおいても，WTO による EU 敗訴の後，2008年4月になって BtMaize に環境へのリスクを示す新たな科学的根拠が出たとして，セーフガードが発動された。同じ年の6月，EFSA は，問題の BtMaize が，最初の承認から10年経過したことに伴う再審査をして安全性を確認した。EU と加盟国の対応は，ここでもずれが見られる。

さらに，企業や農業関連団体の対応も異なっている。ドイツの大手化学企業 BASF は2012年4月に，新たに小規模ながら EU 域内での GMO の栽培申請を提出したが[33]，世論の動向から，域内での栽培拡大には悲観的である。EU で

承認されて輸入されるGMO大豆は、欧州の酪農業者にとっては欠かすことのできない飼料となっており、フランス最大の農業経営者団体である全国農業経営者組合連合（FNSEA, Federation Nationale des Syndicates d'Exploitants Agricoles）はGMOの輸入を支持しているが、同じ農業団体でも、先述の農業連盟はGMO反対の立場を表明してきた。

　加盟国が、欧州委員会と対立してもGMOの承認や栽培に反対する背景には、消費者の世論がある。2010年秋に実施されたユーロバロメーターの調査によると、GMOの開発に反対は61％、安全だと考えない人は59％、将来の世代にとって安全だと考えない人は58％であった。[34]個別の加盟国では、ギリシャ、ドイツ、フランスなどで反対と考える人が高い水準を示している。多くのEU加盟国では、こうした世論に後押しされて、WTOの判決にもかかわらず、GMOのリスク管理に関して厳しい対応を継続している。

5　EUにおけるGMOリスク管理の新たな動向

　WTOのパネルは、EU加盟国政府によるガードが十分な科学的根拠に基づいていないと判断したが、リスク管理やリスク評価に対する考え方について、国際的に一致した見解はない。WTOのもとでのSPS協定の解釈において、カルタヘナ議定書を始めとする国際環境法の予防原則は非常に限定的に解されている。アメリカは環境に関する国際規範によって、自由貿易の原則が変更されないことに戦略的利益を見出している。

　他方、EUにおいては、GMOなどの新たな問題に対処するために、既存の科学的リスク評価の理論的前提や枠組みが適切であるかを再考する動きがある。たとえば、GMOについては、伝統的に分子生物遺伝子学によるリスク評価が中心であったが、より広く、とりわけ生態学的なアプローチの必要性が指摘されるようになった。

　2008年、環境閣僚理事会はGMOの栽培承認に関して、新たな決議を採択した。[35]その中で、遺伝子学そのものだけでなく、より広く生態系や環境全体に及ぼす影響をも重視する方向性が示されている。具体的提案としては、①環境影

響評価（ERA）および栽培後のモニタリングを強化すること，②GMO栽培の社会・経済的要因についても考慮すること，③EFSAの評価に加え，加盟国のリスク評価機関とも協力体制を築くこと，④栽培用種子におけるGMO混入率を定めること，⑤地域の生態系や地域農業の特徴を考慮し，GMOフリーゾーンの設定のための自主協定を認めること，が列挙されている。

　2010年，EFSAは，環境閣僚理事会の要請に応じて，新たに「GMOの環境影響評価（ERA）ガイダンス[36]」を公表した。このガイダンスは，従来の遺伝子学を中心としたGMOの科学的評価に加えて，環境・生態系全体を評価の対象として加えるというものである。そこでは，評価すべき項目として，①侵入性・交雑性，②微生物の遺伝子伝播，③標的生物との相互作用，④非標的生物との相互作用，⑤栽培環境・受容環境への影響，⑥生物地球科学的プロセスへの影響，⑦動物や人間への影響，を挙げている。

　さらに前述の提案のなかで，閣僚理事会は，EFSAに対して，加盟国の同様の任務をもつ機関との連絡体制を密にするよう要請した。EFSAは，その基本原則としてあらゆる外部機関からの「独立性」を掲げてきた[37]。こうした独立性は，加盟国や個々の企業の利害に左右されない科学的な中立性のために重要とされてきた。しかし反面で，このような独立性は，GMOに関するEUによる規制と加盟国の対応に一貫性や整合性を欠く要因ともなった。こうした状況を改善するために，関係機関との協力関係を樹立する必要が示されたと言える。さらに，EFSAは関連分野における科学者から構成されるパネルを設けているが，現実には，専門分野における最高権威者は，加盟国政府や大学，または高所得が保障される企業の研究所に所属していることが多く，これらの外部機関と切り離された形で評価を行っていくことについて疑問視する声も上がった。こうしてEFSAは，外部研究機関との協力を模索することになった[38]。

　もう１つの重要な論点として，社会・経済的なリスクをどう分析し，判断の材料とするかという点がある。EUでは2008年に環境閣僚理事会が，GMOに関して，科学的評価のみならず社会・経済的な要因も含めて判断するよう欧州委員会などへ要請している。その後2011年に欧州委員会は，GMOの社会経済的側面について，関係団体等へのアンケートをもとに，欧州議会および環境閣

僚理事会への報告書を提出している。[39] ただし、社会・経済的要因の評価基準が曖昧であり、客観的分析は難しいなどの問題点も指摘されている。もしEFSAに、こうした考慮を求めるとしたら、本来の任務や能力の範囲を超える問題に直面しているとも言える。

社会経済的要因に関しては、一方で、GMOの費用便益の視点から報告書が出され、他方では、倫理的視点からの問題提起もなされている。自然科学には盲点やギャップもあり、リスクの問題は、科学的な価値中立性に基づいてのみ判断できるという前提に対して疑問も呈されている。科学技術はそれが生産され消費される社会から切り離して考えることは不可能であるというのである。他面で、本来は科学者で行われるリスク評価の場に、幅広い分野の専門家や団体を参加させることの是非も議論される必要があろう。リスク評価とリスク管理との境界線も問われている。

6　おわりに

EUは、GMOのリスク評価や管理にあたって、予防原則の国際法上の位置づけや解釈などをめぐりアメリカと対立してきた。WTOの裁定に従って、EUによるGMO承認手続きは再開されたものの、多くの加盟国は自国の世論の反発などから、その普及には慎重な姿勢を崩していない。WTO紛争後、EUでは、まず科学的リスク評価にあたって、人体への影響を調査する遺伝子学だけでなく、生態系全体を評価の対象とする方向性が示された。また、こうした自然科学的な知見だけでなく、より社会経済的なリスクも含めた広い要素を考慮すべきだという主張があり、それをもとに評価方法の見直しも検討も開始された。

科学的リスク評価のあり方とは別に、そもそも農業や遺伝子組み換え技術のグローバル化は人々や環境に何をもたらすのか、という根本的な問題提起もなされている。欧州におけるGMOのリスク管理をめぐる議論は、グローバル化時代に自由貿易を最優先とする価値観に対して、もう1つの視点を提供していると言えよう。

【注】
1 続いてブラジル（2140万 ha），アルゼンチン（2130万 ha），インド（840万 ha），カナダ（820万 ha），中国（370万 ha），パラグアイ（220 万 ha），南アフリカ（210万 ha）となっている。
2 国際市場におけるGMOのシェアは，大豆が77％，綿花は49％，トウモロコシは26％，菜種は21％である。
3 ポーランドでは栽培実態があるが，政府は公式には認めていない。
4 EUレベルで栽培実績のあるGM品種は主に3種類（Bt Maize, Amflora, HT Soya）である。
5 スペインはBtMaizeを1998年から栽培している。このGMOが耐性をもつ害虫の発生が多い地域で集中的に栽培されているという。
6 90/219/EEC, Directive du Conseil du 23 avril 1990 relative a l'utilisation confinee de micro-organises genetiquement modifies dans l'environnement.
7 90/220/EEC, Directive du Conseil du 23 avril 1990 relative a la dissemination volontaire d'organismes genetiquement modifies dans l'environnement.
8 Recommendation 556/2003/EU, Recommendation C200/1.
9 たとえば，交雑防止のための距離規制については，オランダが25mであるのに対し，ルクセンブルグは600mとなっている。
10 1829/2003/EC, Regulation of the European Parliament and the Council on the genetically modified food and feed.
11 Regulation(EC) No 178/2002。EFSAについては，安江則子「欧州食糧安全庁とリスク分析――政策決定における科学的助言の在り方――」『ワールドワイドビジネスレビュー』第3巻第2号，65-79頁2002年。また筆者は，2012年3月にEFSAへの訪問調査を実施した。
12 この場合，資料が入手できるまで，6カ月以内という期限は遅れることになる。
13 BtMaizeについては1998年に最初に承認した後，2007年に再度承認している。
14 飼料用作物が不足すると，イギリス，デンマーク，アイルランド，アイルランドなどの畜産業にダメージとなる。実際，2009年に，南米産大豆が干ばつで不足し，急きょ輸入しようとした北米産大豆に未承認のGMOが混入していた。ゼロトレランスを厳格に維持すると，輸出側も船舶の洗浄作業等が必要となり，コスト高になる。
15 飼料用のみ0.1％の混入を認めることに対しては，食料用と飼料用を分けて輸入するとは限らないので合理性を欠くとの批判もあった。
16 安江・前掲注11，67-70頁。
17 Commission of the European Communities, Communication from the Commission on the Precautionary Principle, Brussels, 02.02.2000.
18 Regulation (EC) No, 178/2002 of the European Parliament and the Council of 28 January 2000 COM (1999) 719 final.
19 1996年末，ジュペ首相の下で推進から反対に転じたが，1997年夏からのコアビタシオン政権下でジョスパン首相はGMOを承認した。このときの政府は，緑の党との連立であった。1999年，同じ政権下でGMO承認を凍結した。早川美也子「フランスにおけるGMO

栽培規制の政治過程——食品安全問題と環境問題のリンケージ——」『上智法学論集』第52巻4号，(2009年)，122-123頁。
20 「環境憲章」(La Charte de l'Environnement) の導入は，フランス上下両院において，圧倒的多数で可決された。安江則子「終章——価値の共同体としてのEUにおけるフランス——」安江則子編著『EUとフランス』(法律文化社, 2012年) 196-201頁。
21 Loi n2008-595 du 25 juin 2008 relative aux organsisms genetique modifies.
22 GMO法3条では，HCBは，GMOまたは他のバイオテクノロジーに関連するすべての問題について政府に助言するとされる。「EUにおけるGMOの規制，一般作物との共存政策に関する状況調査」(2009年) 農林水産省。
23 Commission of European Communities, White Paper on Food Safety, 12 January 2000 COM (1999) 719 final.
24 1829/2003/EC, Regulation of the European Parliament and the Council on the genetically modified food and feed.
25 1830/2003/EC, Regulation concerning the traceability and labeling of genetically modified organisms and the traceability of food and feed products produced from genetically modified organisms and amending Directive 2001/18/EC.
26 他にオーストラリア，ブラジル，中国など多くの第三国として参加した。
27 カルタヘナ議定書は，生物多様性条約 (1993年発効) 19条3に基づく交渉において作成され，2000年1月に採択された。バイオテクノロジーによって改変された生物 (Living Modified Organism) が，生物多様性の保全および持続可能な利用におよぼす悪影響を防止するために，国境を越えた移動について一定の措置をとることなど規定している。2003年9月に発効した。
28 カルタヘナ議定書は約160の国と地域 (EU) によって批准されている。日本については2003年6月に締結，2004年2月に発効しており，国内法として，「遺伝子組み換え生物等の使用等の規制による生物多様性の確保に関する法律」(カルタヘナ国内担保法) が2003年に成立，翌年発効している。
29 SPS協定5条は，加盟国は，「関連する科学的証拠が不十分な場合には，関連国際機関から得ることのできる情報および他の加盟国が適用している衛生植物圏的措置から得ることのできる情報を含む入手可能な適切な情報に基づき，暫定的に衛生植物検疫措置を採用することができる」とする。
30 WT/DS291, 292, 293/R, 2006.
31 交渉の経緯の中で，自然発生的に5つの交渉グループにわかれた。「マイアミグループ」は，アメリカのほか，アルゼンチン，オーストラリア，カナダ，チリ，ウルグアイからなるGMO貿易推進グループ。日本は，メキシコ，ノルウェイ，韓国，スイスとともに「妥協グループ」に属した。この妥協グループには，後にニュージーランドとシンガポールが参加した。EUは，開発途上国からなる「同志グループ」と組んで，予防原則の適用を主張した。他に，「東・中欧州グループ」がある。EUと東中欧は，それぞれ別個のグループを形成して交渉に臨んだ。
32 早川・前掲注19。M.A.Pollak and G.C.Shaffer, "Biotechnology Policy, Between National Fears and Global Disciplines", in (ed. H.Wallace, M.A.Pollack and A.R. young) Policy-

Making in the European Union, Sixth Edition, Oxford, 2010.
33 BASFは，ドイツ，スウェーデン，オランダでのでんぷん用ジャガイモの栽培申請を行った。しかし，EU内での販売の拡大は見込めないとして，アメリカに拠点を移すことを決めている。
34 Special Eurobarometre341/Wave 73.1-TNS Opinion & Social.
35 Conclusions of 2912th Environment Council of 4 December 2008.
36 Guidance on the environmental risk assessment of genetically modified plants, EFSA Panel on Genetically Modified Organisms, EFSA Journal 2010, Parma, Italy.
37 安江・前掲注20。
38 EFSA Scientific Network for Risk Assessment of GMOs, v 1.1/03.12.2009.
39 Report from the Commission to the European Parliament and the Council on Socio-economic implications of GMO cultivation on the basis of Member States contributions, as requested by the Environment Council of December 2008.

＊この論考は科学研究費補助金基盤C（2010年度から2012年度）による研究成果の一部である。

第7章　EU刑事司法協力における単一令状制度の構築
――双方可罰性要件の新方式――

浦川紘子

1　はじめに

　国際関係において，刑事に関する問題は，伝統的に厳格な主権の下に置かれてきた。共通政策や統合という概念からは，極めて遠い存在であり，今日のEUに至る欧州統合の過程では，刑事法に関わる分野は当初は統合の射程外にあった。他方で，こうした分野は，他国との関係性を何ら有しないというものではない。逃亡者に対して，国家間で引渡しを行うという制度——犯罪人引渡制度——は，古代から存在している。国家間の協力制度は，時代とともに発達し，今日では，「犯罪人引渡し」，「刑事司法共助」，「外国裁判の執行」，「訴追の移管」を合わせて「国際刑事司法協力」として捉えられるようになった。グローバル化が進む中で，刑事司法協力の規範化・制度化は，欧州においても喫緊の課題となり，マーストリヒト条約によって，刑事司法協力はEUの政策として組み込まれた。アムステルダム条約以降，EUは「自由・安全・正義の領域」の確立を目指し，これを支える制度として，EU刑事司法協力は急速な発展を遂げてきた。

　EU刑事司法協力は，その短い歴史にも関わらず，EUのその他の政策分野と同様に，EU独自の理論を構築し，過去に例をみない斬新な制度を創造してきた。その代表的なものが，「欧州逮捕令状（EAW, European Arrest Warrant）」や「欧州証拠令状（EEW, European Evidence Warrant）」のような単一書式を，EU加盟国間で履行する制度であり，このような方式が蓄積されてきている。

141

そして，このような新しい制度を支える理論が相互承認原則であり，これを象徴的に反映したのが双方可罰性要件の新方式である。

なぜ EU において，このような改革が推進され，その中で双方可罰性はどのように扱われてきたのか（第2節）。そして，相互承認原則の発展が双方可罰性要件にいかなる影響を与えたのか（第3節）。さらに，こうした EU における新しい制度が，リスボン条約の下での EU 刑事司法協力の枠組みにおいてどのように位置付けられるのか（第4節）という視点から，単一令状制度とも言うべき[3] EU 刑事司法協力の新たな取り組みの現状と課題を明らかにしたい。

2　EU における犯罪人引渡改革と双方可罰性要件

(1)　EU における犯罪人引渡制度改革への始動

1993年，マーストリヒト条約の発効によって誕生した EU は，3本の柱から成るものとして表される。既存の「欧州共同体（EC）」が第1の柱を構成する一方で，刑事司法協力を含む「司法・内務協力（JHA, Justice and Home Affairs）」という新しい分野が第3の柱として創設された。第1の柱が主権を越えた超国家的枠組みであるのに対して，第3の柱においては，主権は各国が維持したままの政府間協力を基礎とする。第3の柱に対して，理事会，欧州議会，EC 司法裁判所などの関与は制限的であり，また，法的には，EC 法として発展してきた法理論とは区別され，第3の柱の法とも言うべき異なる法形式が用いられた。第1の柱の法形式——規則・指令・決定——が，自動的に法的拘束力をもつ措置である一方で，第3の柱では，「条約」という形式において[4]，加盟国がそれぞれ憲法手続きに基づく合意を得た場合にのみ拘束力を有する立法が可能であった[5]（K.3条2項(c)）。約4年間続いたマーストリヒト条約の時代，第1の柱に比べると[6]，第3の柱の活動は鈍く，刑事司法協力・税関協力・警察協力の隣接分野を合わせても，理事会が作成した条約は8本に過ぎなかった[7]。ただしそのうち2本が，犯罪人引渡改革のための条約であったことは注目に値する。

すなわち，主権との関係において刑事司法協力に対する国家の対応は伝統的

に消極的なものでありながら、犯罪人引渡制度改革への着手は早かった。マーストリヒト条約の下、EU 刑事司法協力がスタートした時点で、理事会は「犯罪人引渡しは、加盟国の刑事管轄権行使促進において本質的役割を果たすものである」という見解に立ち[8]、マーストリヒト条約署名後の1993年9月には、EU 加盟国の司法担当大臣会合において、犯罪人引渡制度改善のためのガイドラインを策定するという宣言に合意がなされた[9]。この合意された宣言は、1993年11月末、理事会の下部組織である司法・内務理事会において、犯罪人引渡しの略式化（simplifying）と迅速化（accelerating）を目的として採択された[10]。この宣言は、第3の柱の下で、1995年に「略式犯罪人引渡条約」[11]（以下、「EU 略式引渡条約」）、1996年に「EU 加盟国間における犯罪人引渡条約」[12]（以下、「EU 犯罪人引渡条約」）として結実した。

(2) 欧州犯罪人引渡条約体制に対する EU の立場

マーストリヒト条約発効以前、EC とは別機構である欧州評議会（Council of Europe）が、欧州刑事司法協力に関する条約作成を担ってきた。欧州評議会においても、早い段階で犯罪人引渡しに関する条約化が進められ、「欧州犯罪人引渡条約」（欧州条約集（ETS, European Treaty Series）24号）（1957年署名開放）が[13]採択され、1960年に発効した。また、同条約に対する「追加議定書」（ETS86号）（1975年署名開放、1979年発効））および「第2追加議定書」（ETS98号）（1978年署名開放、1983年発効）が採択された。さらに、「欧州テロ防止条約」（ETS90号）（1977年署名開放、1978年発効）にも、犯罪人引渡しに関する規定が含まれる。これらの条約が、1992年当時、欧州における犯罪人引渡制度の主たる規範となっていたが[14]、このような欧州犯罪人引渡条約を中心とする現行の制度に対して、EU は次のような点を問題視し、改革を加えることになったのである。

(a) 略式犯罪人引渡手続きの欠如

正式な犯罪人引渡し（extradition）において、「本人の同意（consent）」という要素は含まれない[15]。これに対して、本人の同意がある場合には、正式な犯罪人引渡しとは区別し、「略式犯罪人引渡し（simplified extradition）」として、同意後短期間に引渡しを行うための制度がある[16]。略式犯罪人引渡しそれ自体は、すでに19世紀後半から発達してきたものとされ[17]、特段新しい手続きではない。多

数国間条約としては,「米州犯罪人引渡条約」(1981年採択, 1992年発効) 21条等にも略式犯罪人引渡しの規定が存在する。他方で, 欧州犯罪人引渡条約には略式犯罪人引渡しの制度が存在しない。略式犯罪人引渡しは, 欧州評議会でもその導入が検討されたが, 1980年の閣僚委員会による勧告にとどまり, 当時は条約に追加するまでには至らなかった。[19]

EU はまず, この点を問題とした。EU の説明によれば, 1992年において, 加盟国間で約700件の犯罪人引渡しが行われ, そのうちの30％以上のケースで本人の同意があったとされる[20]。それにも関わらず, 引渡手続のために数カ月にわたる長い期間がかかっており, これを最短に縮める必要があるとした[21]。1995年, 理事会は, マーストリヒト条約 K.3条に基づき, EU 略式引渡条約を作成した。本条約の下では, 本人の同意があれば, 正式な犯罪人引渡手続きを経ずに, その同意から20日以内に身柄引渡しが行われることとなった (11条)。

(b) 不引渡事由

欧州犯罪人引渡条約は, 政治犯罪の不引渡し (3条1項)[22], 自国民の引渡拒否 (6条1項a) など, 犯罪人引渡しを拒否しうる事由 (不引渡事由) を広く許容する規定を置いている。これに対して, EU は, 第2段階の犯罪人引渡改革として, こうした問題に関して,「犯罪人引渡しの真の改革」となるべき新しい規範を作るという立場を示した[23]。「適切な国内司法制度の機能に対する相互信頼」と,「欧州人権条約」から生じる刑事裁判上の義務の尊重という点において, 加盟国はかなりの類似点を有し, そのことは,「犯罪人引渡しの修正を正当化する」としている[24]。さらに, テロ犯罪や組織犯罪に対するような, 重要な刑事協力において, 実体要件への断固たる介入が重要な改善をもたらすものであると言う[25]。

こうした問題意識に基づき, 1996年, 理事会は, EU 犯罪人引渡条約を作成した。同条約は, 政治犯の概念を排除 (5条) し, 自国民不引渡しも排除 (7条) するなど, 欧州犯罪人引渡条約とは異なる性質を有するものとなった[26]。

(3) 伝統的犯罪人引渡制度に対する EU の立場

犯罪人引渡法は, 大陸法と英米法で異なる慣行がいくつか存在する。欧州犯罪人引渡条約は, 自国民不引渡しを採用し, 有罪証拠要件を不要とするなど, 大陸法慣行の影響を強く受けた条約である[27]。この両要件は, 英米法諸国では採

用されない。[28]

　これに対して，犯罪人引渡しの全ての局面に共通する理論や制度がある。その1つが，相互主義（reciprocity）である。そして，引渡犯罪の相互主義的性質を具体化したものが双方可罰性要件であるとされる。[29]

　双方可罰性要件とは，引渡しの対象となっている行為が，犯罪人引渡しの請求国と被請求国の両方の法の下で犯罪を構成するものでなければ，その行為は引渡不能であることを要求するものである。[30] これは，単に請求国と被請求国の法の下で，罪名が一致しているということを求めるものではなく，両国の法制度の下で，当該行為が可罰的であるか否かを問題とするものである。[31] また，違法性阻却事由，責任阻却事由，公訴時効，刑の時効なども，双方可罰性の考慮の対象となりうる。[32] このような要件は，自国の基準において犯罪とされない行為に対して，対象者を引渡す義務を負わないことを確保するものであると，理解される。[33] 他方で，自国で犯罪とされていない行為に対して，引渡しを拒否すべきではないという考え方（双方可罰性不要論）も存在してきたとされる。[34]

　欧州犯罪人引渡条約は，2条1項から7項において「引渡犯罪」（extraditable offences）を定め，「請求国および被請求国の法の下で，最高刑が1年以上の自由剥奪または拘禁命令，あるいはより厳しい刑罰により可罰的である犯罪」[35]に関して，犯罪人引渡しが行われる（2条1項）。ただし，自国法令が本条第1項に規定する若干の犯罪について引渡しを許さないときは，それらの犯罪を適用除外とすることができ（2条3項），その場合には，引渡しが許されるまたは許されない犯罪の一覧表を事務総長に提出することとなる（2条4項）。

　これに対して，EU犯罪人引渡条約は，2条「引渡犯罪」において，「請求国の法の下で，最高刑が12カ月以上の自由剥奪または拘禁命令により可罰的であり，被請求国の法の下においては，最高刑が6カ月以上を有する自由剥奪または拘禁命令により可罰的であるとされる犯罪に関して，犯罪人引渡しが行われる。」（2条1項）とした。欧州犯罪人引渡条約からの変更点は，「被請求国においては6カ月」とした点である。この変更により，対象犯罪が拡大することが見込まれたが，[36] 双方可罰性要件それ自体は，必要な要件として残された。すなわち，EU犯罪人引渡条約において政治犯に関する規定や，自国民の引渡し

に関する規定が抜本的に変更されたのに対して，双方可罰性要件は維持され，小さな変更が施されたに過ぎなかったと言える。

(4) EU犯罪人引渡改革の目的と現実

EUで始まった犯罪人引渡制度改革は，上述の2つの条約によって，一応結実したと考えられる。ここに至る経緯を見ると，EUが問題としたのは，欧州犯罪人引渡制度に対して批判的立場をとってきたのであって，伝統的犯罪人引渡しにおける理論的支柱である相互主義や双方可罰性要件に変更を加えようとするものではなかったと言える。後に見る欧州逮捕令状制度における，双方可罰性要件への重大な変更に対して，「欧州における伝統的な犯罪人引渡制度の主要な問題」として，双方可罰性要件もまた「深刻な障害であった」かどうかについては，「示されていない（has not been shown）」とする指摘がある[37]。たしかに，上の検討からも，双方可罰性要件に対しては，当初はこれを維持する方針であったと考えられる。

EU犯罪人引渡条約説明書は，欧州犯罪人引渡条約およびベネルクス引渡条約を「親条約」（mother convention）と位置付けている。欧州犯罪人引渡条約体制を修正しつつも，伝統的犯罪人引渡制度の上に立ち，旧制度と一体となって，新しい犯罪人引渡制度を確立することを予定していたと言えよう。

しかし，各国の批准手続きは順調には進まなかった。1999年5月，マーストリヒト条約はアムステルダム条約による改正を受け，新EU条約には「犯罪人引渡しを容易にする」（31条1項(b)）という規定が盛り込まれた。犯罪人引渡改革は，EU基本条約上の政策として進められることとなった。2003年には，新EU条約を改正するニース条約が発効した。ニース条約版EU条約においても，同規定は踏襲され（31条1項(b)），1999年のタンペレ特別欧州理事会（以下「タンペレ・サミット」）では，2条約の批准が呼びかけられた。しかしながら，両条約の批准は進まず，発効には至らなかった。EUレベルでは合意された犯罪人引渡改革であったが，各加盟国レベルでは，必ずしも受け容れられるものではなかったと考えられる。

3 刑事決定に対する相互承認原則の理論化と実践

(1) 刑事決定の相互承認

　1998年のカーディフ欧州理事会において，議長国イギリスが，「相互承認」(mutual recognition) を刑事法分野に適用する考えを持ち出した[38]ことに端を発する．EU 刑事司法協力における新たな展開が始まった．

　相互承認という概念は，それまで次の２つの文脈で用いられてきた．第１に，民事および通商に関する判決の相互承認である．「相互承認」という文言を明示するオーストリアとドイツの条約（1959年）[39]などが存在する．第２に，EC 域内市場法で発達した相互承認原則の理論である．EC 司法裁判所の判決——カシス・ド・ディジョン事件（1979年）——において，酒類のアルコール含有量の規制が異なる EU 加盟国間においてその輸出入が問題となり，EU 域内においては一国の規制は他国でも承認される[40]という原則が生まれた．本判決は，EC 市場法上の原則として確立した．

　カーディフ欧州理事会議長国総括において，「越境犯罪との闘いにおける効果的な司法協力の重要性」[41]が強調されるとともに，「加盟国国内裁判所における決定の相互承認の射程」を明確にすることが，理事会に要請された（39項）．

　その後，司法・内務協力を主題とするタンペレ・サミットが，1999年10月に開催された．「自由・安全・正義の同盟（Union）に向けて」という章に始まる議長国総括[42]は，相互承認原則について「判決および司法当局のその他の決定の両方において，適用すべきである」(33項) という見解を示した．そして，「司法決定および判決ならびに法の必要な近接化は，当局と人権の司法的保護との間の協力を促進しうる」もので，「民事および刑事問題における司法協力の礎となるべきものである」(33項) とした．そして，欧州理事会は，理事会および欧州委員会に対して，相互承認原則の実施措置のためのプログラムを採択するよう求めた（37項）．

　この求めに応じた「刑事分野における決定の相互承認原則の実施措置プログラム[43]」（以下，「相互承認実施措置プログラム」）が2001年１月に出された．このプ

ログラムは，24の措置を対象として掲げ，1から6までの優先順位によるランク付けを行った。犯罪人引渡しに関しては，次のような措置が提起された。すなわち，「犯罪人引渡しに対する単一司法領域」（a single judicial area for extradition）の創設を目的とし，少なくともEU条約29条に掲げられる「もっとも深刻な犯罪」（the most serious offences）に対する，「司法当局が発行する逮捕令状（arrest warrant）の承認と即時執行に基づく引渡手続き」である。[44]当時のEU条約（アムステルダム条約版）29条が闘うべき犯罪として挙げるのは，「テロリズム，人身取引および子供に対する犯罪，違法麻薬取引および違法武器取引，腐敗，詐欺」である。少なくとも，これらの犯罪に対しては，逮捕令状の相互承認の制度を適用することが，2001年1月の時点で議論されていたことになる。ただし，逮捕令状に関する措置の優先順位は「2」であり，優先順位「1」とされる証拠凍結命令の承認措置や，交通違反の罰金刑に関する措置など4つの措置の下位に置かれた。本プログラムにおける優先順位の1と2にあたる事項は，2002年末までに理事会が措置をとることが望ましいと結論づけられた。[45]

(2) 欧州委員会による欧州逮捕令状枠組決定の提案

2001年1月に，優先順位「2」とされた逮捕令状の相互承認措置は，同年9月11日に発生した米国同時テロの影響で，緊急課題となった。7日後の19日に，欧州委員会は理事会に対して，「欧州逮捕令状枠組決定」提案[46]（以下「EAW委員会提案」）を提出した。この提案に付された説明書には，欧州逮捕令状の確立に至った背景や欧州逮捕令状の趣旨が示されており，欧州委員会の立場が明確に現れている。簡単に要約しておきたい。

　　—犯罪人引渡し（extradition）は，時間がかかり，複雑な作業であることが多く，EUのような国境の無い地域（a frontier-free area）には適さない。現行では，1957年の欧州犯罪人引渡条約，1975年の欧州犯罪人引渡条約追加議定書，1978年の欧州犯罪人引渡条約第2追加議定書，1977年の欧州テロ防止条約によって規律されている。これらの条約は，署名当時は進歩的なものであったが，今日，EU加盟国間の関係から見ると，それらは重く時代遅れの制度（a heavy and obsolete mechanism）を構築している。SISを構築するシェンゲン実施協定は，加盟国間の情報収集機能を構築しているが，1957年の欧州犯罪人引渡条約に何ら追加する要素は有していない。1995年のEU略式引渡条約および1996年のEU犯罪人引渡条約は，1957年条約の制度を迅速化，

略式化し，引渡しを留保するための根拠の多くを取り除くことを試みたものであるが，定義上は政治的・政府間的なものである犯罪人引渡制度 (extraction mechanism) を越えるものではない上に，それぞれ9カ国と8カ国の批准しか得られていない[47]。

この文章からは，現状の犯罪人引渡制度に対する批判が読み取れる。欧州委員会は，欧州評議会が構築してきた犯罪人引渡制度を「時代遅れ」とみなし，犯罪人引渡制度に代わる新たな身柄引渡制度を提案したのである。それが，欧州逮捕令状制度である。

アムステルダム条約版 EU 条約の下では，刑事司法協力に関する法形式として「共通の立場」「枠組決定」「決定」「条約」の4種（34条2項）が可能であったが，そのうち，「条約」ではなく，「枠組決定」という方式を用いて構築することが提案された。枠組決定は，加盟国または欧州委員会の発議に基づき，理事会の全会一致によって採択される（同条）。「加盟国の法と規則を近接させる」ことを目的とし，「達成されるべき結果」について加盟国を拘束するが，「形態および方法の選択」については国内当局に委ねられる（同条2項(b)）。

EAW 委員会提案は，EU 略式引渡条約および EU 犯罪人引渡条約の内容を取り込んだ上，相互承認原則という新たな要素が施されたものであった。EAW 委員会提案の巻末には，EU 加盟国間の単一書式となる「欧州逮捕令状」の書式が付された。

同提案では双方可罰性要件について，前文（14）において，「相互承認原則の適用の結果として，双方可罰性要件 (double criminality condition) は，特定性規則と同様に廃止されるべきである。」と規定された。ただし，加盟国の法制度上，オプトアウトの可能性を残さなければならないような犯罪については，適用排除する犯罪の「ネガティブ・リスト」を作成できるとした。27条では，リストの作成と，そのリストを EU 官報に掲載することを定める規定を置いた。欧州逮捕令状の単一書式には，「犯罪の性質と法的類型」（nature and legal classification of the offence）として，罪名を記入する欄が設けられた。

(3) 双方可罰性要件をめぐる新しいアプローチ

EAW 委員会提案から約9カ月後の2002年6月13日，理事会は欧州逮捕令状枠組決定を採択した。欧州逮捕令状枠組決定には，略式引渡し，政治犯不引渡

しの排除,自国民不引渡しの排除など,これまでに進められてきた改革が反映
されている。他方で,欧州逮捕令状枠組決定の委員会提案で初めて抜本的改革
が盛り込まれた双方可罰性要件に関する規定は,理事会枠組決定においてさら
に多数の変更が加えられた。関連する2条2項は,次のように規定する。

「―以下の犯罪は,発行国(issuing Member States)において,自国法の定義により,
最高刑が3年以上の拘留判決または拘留命令による可罰性があるならば,本枠組決定
の用語の下で,行為の双方可罰性(double criminality)を認証(verification)するこ
となく,欧州逮捕令状に基づく身柄引渡しを生じさせる。
　―犯罪組織への関与,テロリズム,人身取引,児童の性的搾取・児童ポルノ,麻薬
および向精神剤の違法取引,武器・軍需品および爆発物の違法取引,汚職,詐欺(EC
財政利益への影響を含む),犯罪収益のロンダリング,通貨偽造(ユーロを含む),コ
ンピューター関連犯罪,環境犯罪,無許可入国および居住への便宜,殺人・重傷害,
臓器の違法取引,誘拐・監禁・人質行為,人種差別,組織的強盗,文化物の違法取引,
詐欺,恐喝および強盗,製品の偽造および特許権侵害,行政文書および行政取引の偽
造,支払い手段の偽造,ホルモン物質等の違法取引,核および核物質の違法取引,盗
難車の取引,強姦,放火,国際刑事裁判所の管轄権にある犯罪,船舶・航空機の不法
取引,破壊活動」

同枠組決定に付された欧州逮捕令状の単一書式には,これらの32犯罪のリス
トが掲載され,チェックをつける仕組みが作られた。
　こうして確立した,双方可罰性要件に対する新しいアプローチは,欧州逮捕
令状制度をめぐる主要な論争点となった。上に見てきたように,双方可罰性要
件は,EUにおける犯罪人引渡改革の過程で,ほとんどその対象となってこな
かった事項である。この新しいアプローチに対して,ベルギーはEC司法裁判
所(現EU司法裁判所)に問題を提起した。以下に見るAdvocaten voor de
Wereld VZW事件[48]である。

(4) 双方可罰性の新しいアプローチに対する抵抗①
　　　――Advocaten voor de Wereld VZW事件――
　欧州逮捕令状枠組決定2条2項が,その履行に際して双方可罰性の認証を不
要としたことに対して,ベルギー仲裁裁判所が先行判決の申請を行った。申請
内容は,第1に,EU条約34条2項(b)が,「枠組決定」という方式を,「加盟国

第 7 章　EU 刑事司法協力における単一令状制度の構築

資料 7-1　EU 刑事司法協力の発展

1992年2月7日	「マーストリヒト条約」署名
1993年9月28日	EU加盟国の司法担当閣僚による会合：加盟国間において犯罪人引渡しを改善するためのガイドラインを策定するという宣言に合意
11月1日	「マーストリヒト条約」発効
11月29・30日	司法内務理事会によって上記宣言採択
1995年3月10日	「EU略式引渡条約」成立（未発効）
1996年7月27日	「EU犯罪人引渡条約」成立（未発効）
1997年6月17日	「アムステルダム条約」署名
1998年6月15—16日	カーディフ欧州理事会
1999年5月1日	「アムステルダム条約」発効
10月15—16日	タンペレ特別欧州理事会
2001年1月	「刑事分野における決定の相互承認原則の実施プログラム」
2月26日	「ニース条約」署名
9月19日	「欧州逮捕令状枠組決定に関する欧州委員会提案」提出
2002年6月13日	①「欧州逮捕令状枠組決定」（2002/584/JHA）採択
2003年2月1日	「ニース条約」発効
6月22日	②「財産証拠凍結命令枠組決定」（2003/577/JHA）採択
2005年2月24日	③「財政罰の相互承認枠組決定」（2005/214/JHA）採択
2006年10月6日	④「押収命令枠組決定」（2006/783/JHA）採択
12月18日	⑤「情報交換の略式化枠組決定」（2006/960/JHA）採択
2007年12月13日	「リスボン条約」署名
2008年11月27日	⑥「拘留を科す刑事判決の相互承認枠組決定」（2008/909/JHA）採択
11月27日	⑦「保護観察に関する判決及び決定の相互承認枠組決定」（2008/947/JHA）採択
12月18日	⑧「欧州証拠令状枠組決定」（2008/978/JHA）採択
2009年10月23日	⑨「仮拘禁措置の相互承認に関する枠組決定」（2009/829/JHA）採択
12月1日	「リスボン条約」発効
2011年4月5日	「人身取引の防止と鎮圧およびその被害者の保護に関する指令」採択

出典：EUR-Lex検索により，著者作成。EUR-Lexにより，現行の"council framework decision"を検索した結果，32件ヒットした。全てを確認したところ，上記9件（①～⑨）において，単一書式が用いられ，かつその中に双方可罰性要件を不要とする犯罪名のリストが掲載されている。

の法および規則の近接化（approximation）」のための措置と定めている点に関して，「当該枠組決定は，EU条約34条2項(b)と一致しているかどうか」である。第2に「当該枠組決定2条2項は，列挙された犯罪に対して双方可罰性の要件を認証することを退けている限りにおいて，EU条約6条2項と一致するか」という点である。EU条約6条2項は，欧州人権条約と各国国内法の基本権を

尊重することを規定する条項である。特に，当該条項が保障する刑事手続きの合法性原則と平等および無差別原則が問題とされた。

　第1の質問に関連して，欧州逮捕令状の相互承認は，刑事司法協力に関する加盟国の法および規則の近接化を要求するものであると示された（29段）。そして，そのことは，当枠組決定の目的であり，特に，当該枠組決定2条2項が双方可罰性の認証を不要としている犯罪リストのカテゴリーに関する規則も，こうした近接化に関する一例に挙げられている（30段）。第2の質問は，「罪刑法定主義」との合致性，「平等および無差別原則」との合致性という2つの点に分けて審議された。第1点に関して，裁判所は，罪刑法定主義が，加盟国に共通する憲法上の伝統的な法原則の1つであり，欧州人権条約7条1項[49]を始めとする様々な国際条約においても謳われていることを認める（49段）。他方で，当該枠組決定2条2項は，逮捕令状発行国の法において，刑罰に関する定義があればよいものであり，刑罰の調和（harmonise）を求めていないとする（52段，53段）。したがって，当該枠組決定2条2項による双方可罰性の認証を不要とすることは，罪刑法定主義を侵害するという根拠とはなりえない（54段）。第2点に関しては，32の犯罪類型をリスト化したことについて，相互承認原則を根拠とし，加盟国間の高度な信頼（trust）と連帯（solidarity）という観点に立つものであることを明示した上で，双方可罰性の認証を不要としたことを正当化する（57項）。最終的に，EC司法裁判所は，これらの全ての検討から，欧州逮捕令状枠組決定の合法性に影響を与えるいかなる要素も見いだせない——すなわち，欧州逮捕令状枠組決定は合法である——と結論した。

(5)　欧州逮捕令状枠組決定2条2項の意義

　EC司法裁判所の合法判決を経て，確固たる地位を得た双方可罰性要件への新しいアプローチではあるが，伝統的な犯罪人引渡しに照らして，どのように位置づけられるであろうか。この新方式は，多くの文献が「双方可罰性の廃止（abolish）」と表現しているが，欧州逮捕令状枠組決定2条2項が双方可罰性に触れている点は，「当該行為の双方可罰性を認証することなく」（without verification of the double criminality of the act）である。それのみをもって，「廃止」と表現することは，やや誤解を招きやすいと考えられる。すなわち，すでに確

認した通り，双方可罰性を不要とする「双方可罰性不要論」は以前から主張されていたが，それは，自国において可罰的でない行為に対しても，引渡しを行うという趣旨である。これをもって双方可罰性の「廃止」と意図されてきたと理解されうる。しかし，欧州逮捕令状枠組決定は，そのような趣旨ではない。この点，すでに指摘されているように，「枠組決定2条2項の列挙する32類型の犯罪は全て双罰性要件をみたすという前提である」と解するべきであろう。これらの犯罪は，EU域内において相互承認原則に基づいて処理されるのである。そこが，EUにおける双方可罰性要件の新しい方式と言えよう。そして，こうした司法協力の新しい方式は，EU刑事司法協力において，蓄積されつつある。

4　単一令状制度の発達

(1)　EU刑事司法協力における相互承認原則の適用拡大

欧州逮捕令状枠組決定によって生まれた単一令状の方式は，その後，他の刑事司法協力分野にも持ち込まれることとなった。相互承認原則の実施プログラムで第一優先とされた証拠凍結に関する枠組決定が，第2の相互承認適用措置として採択された。管見の限り，次の9つの枠組決定――①欧州逮捕令状枠組決定（2002年），②財産または証拠の凍結命令枠組決定（2003年），③財政罰に対する相互承認原則適用枠組決定（2005年），④押収に対する相互承認原則適用枠組決定（2006年），⑤情報交換の略式化に関する枠組決定（2006年），⑥刑事判決に対する相互承認原則適用枠組決定（2008年），⑦保護観察の監督に対する相互承認原則適用枠組決定（2008年），⑧欧州証拠令状枠組決定（2008年），⑨仮拘禁決定等に対する相互承認原則適用枠組決定（2009年）――が，相互承認原則に基づく単一書式を用いた措置として採択されている（資料7-1）。

②証拠凍結枠組決定は，欧州逮捕令状枠組決定の制度を踏襲し，発行国が発した「凍結命令（freezing order）」は，附属の単一書式「証書（Certificate）」によって行使される。2008年には，本枠組決定の強化のため，「欧州証拠令状枠組決定」が採択された。刑事司法協力の4分野のうち，欧州逮捕令状が犯罪人引渡しに

関するものである一方，欧州証拠令状は，刑事司法共助を担うものである。欧州証拠令状は，「証拠物（object），文書（documents）およびデータ（data）を，5条に規定される手続きに利用するために，加盟国の権限ある当局が発した司法決定（judicial decision）」と定義される（枠組決定1条）。5条における手続きとは，刑事手続きや，刑罰に関わる行政または司法手続きを言う。枠組決定に附属する単一令状「欧州証拠令状」をもって，迅速な証拠の引渡手続制度が成立した。また，⑤の措置は，相互承認原則の適用措置ではないが，32の犯罪類型を対象としている。これらの枠組決定はいずれも，単一の「令状」「証書」等が用いられ，その中に双方可罰性の認証を不要とする犯罪がリスト化されている。

このような状況に照らすと，欧州逮捕令状枠組決定で初めて用いられた32犯罪類型に関する相互承認原則アプローチは，今日では，EU刑事司法協力全体に通じる新たな方式として位置付けられよう。

(2) 双方可罰性の新しいアプローチに対する抵抗②
────留保・適用除外の宣言────

双方可罰性の認証を不要とすることに対しては，EC司法裁判所の判断が出たことで，その合法性に対する争いは一応終結した一方で，32の犯罪に対して，その定義や概念が曖昧であるという，欧州逮捕令状の成立当時からの批判がある[51]。欧州証拠令状の履行に際して，ドイツはこの点に異議を呈した。すなわち，ドイツは，32犯罪に対する共通定義が無いことについて，一定の犯罪に対しては，ドイツが予め示した基準を満たすものでなければ，欧州証拠令状の履行を留保するという宣言を付した[52]。ドイツが欧州証拠令状枠組決定に付した宣言は，テロリズム，コンピューター関連犯罪，人種差別，破壊活動，恐喝および強盗，詐欺（swindling）に対してである。たとえば，テロリズムに関しては，次のような基準を明示した。

「──2005年4月13日の核テロ行為の防止に対する国際条約において意図され，定義されている犯罪を構成する行為
　──テロリズムとの闘いに関する2002年6月13日の理事会枠組決定（2002/475/JHA）の下で犯罪化されている行為

第7章　EU刑事司法協力における単一令状制度の構築

—2005年9月14日の国連安保理決議1642（2005）の下で禁止される行為」

　その後採択された仮拘禁措置の相互承認に関する枠組決定には，双方可罰性の認証不要条項（14条1項）につき，ドイツ，ポーランド，ハンガリー，リトアニアの4カ国が，この条項の適用除外の宣言を付した。

(3)　ポスト・リスボンにおける刑事法の調和と相互承認

　2009年にリスボン条約が発効し，EUは新しい統合の段階に入った。リスボン条約は3本柱構造を消滅させ，刑事司法協力を含む第3の柱は，第1の柱と統合することとなった。刑事司法協力は，「自由・安全・正義の領域」の一部を構成する。そして，基本条約において，刑事司法協力の枠組の中に，相互承認という概念が初めて明記された。リスボン条約の下では，以下に見るように，いくつかの層の犯罪類型のカテゴリー化が進んでいると考えられる。とりわけ，特に重大な越境犯罪とされる9犯罪については，その定義や刑罰に対して，EU内で最低限のルールを規定することが明記された（EU運営条約83条）。刑事法の調和が一層進むことが予定されている。

(a)　特に重大な越境犯罪——9類型——

　マーストリヒト条約では，刑事司法協力としていかなる犯罪を対象とするのか，明記されなかった。アムステルダム条約版EU条約31条は，刑事司法協力の一環として，「組織犯罪，テロリズムおよび麻薬違法取引の分野における，犯罪行為の要素および刑罰に関する最低限の規範を確立する措置を漸進的に採択する」と定めた。具体的な犯罪に対して，その構成要件や刑罰を共通化しようとする初めての試みである。また，同29条では，「自由・安全・正義の領域」の目的達成という文脈において，「テロリズム，人身取引および子供に対する犯罪，違法麻薬取引および違法武器取引，腐敗，詐欺」と闘うことが規定された。これらの犯罪に対しては，ユーロポール・ユーロジャストを通じた協力，一層緊密な協力および規範の接近を通じた協力による対応が明記された。ニース条約版EU条約31条および29条にも，アムステルダム条約版EU条約と同様の規定が置かれた。

　EU運営条約は，83条1項において，①テロリズム，②人身取引および女性

155

と子供の性的搾取,③違法麻薬取引,④違法武器取引,⑤マネーロンダリング,⑥腐敗,⑦支払い手段の偽造,⑧コンピューター犯罪,⑨組織犯罪,9類型の犯罪について,犯罪(criminal offence)の定義および刑罰(sanction)について,最小限の法規を,指令によって確立することを規定する。ここで挙げられる犯罪は,基本条約上「特に深刻な犯罪(particularly serious crime)」として,1つのカテゴリーとして括られている。旧条約と比較すると,「漸進的に」という文言が削除され,犯罪や刑罰についての「定義」の共通化が明確に述べられている。そして,そこで対象とされる犯罪が大幅に追加された。このうち,④を除く犯罪については,すでに,共同行動,枠組決定,条約などの措置によって個別の対応が図られてきたものである。本条の下,2011年には,通常立法手続きにより,「人身取引の防止と鎮圧およびその被害者の保護に関する指令」が採択された。リスボン条約以後は,第1の柱においてのみ使われていたEU派生法の形式での立法が可能となったことを表している。

(b) EUに対する犯罪——財政犯罪——

EU運営条約86条は,「EUの財的利益に影響を与える犯罪」というカテゴリーを置いている。ただし,EU運営条約上その具体的内容は規定されていない。そもそもこの種の犯罪は,従来,第1の柱の下で扱われてきた。リスボン条約が,第1の柱と第3の柱を区別しなくなったため,刑事司法協力の中に取り込まれたと考えられる。第1の柱の下では,OLAF(Office lute anti-fraude)[54]がこうした犯罪の取締りを行ってきた。OLAFは,詐欺(fraud),腐敗(corruption),およびEC財政利益に影響を与えるその他の違法行為を管轄する。リスボン条約により,86条の対象犯罪については,欧州検察局の創設が可能となった。

(c) ユーロポールとユーロジャストの対象犯罪

1992年のユーロポール設立文書は,2009年4月6日採択の理事会決定(2009/371/JHA)による改正を受け,これによって,ユーロポールの管轄犯罪が拡大することとなった。同決定は,4条において,組織犯罪,テロリズム,および重大犯罪をユーロポールが扱う犯罪であることを定め,重大犯罪については附表にリスト化した。このリストに列挙される犯罪は,24種に及ぶ。この対象犯罪リストは,欧州逮捕令状の下での双罰性の廃止のための犯罪リストに

第7章　EU刑事司法協力における単一令状制度の構築

一致させたものであるとされる。この改正の重要な変化は，ユーロポールの管轄権能が，「重大な越境組織犯罪」から「重大な越境犯罪」へとなったことにより，組織化されているか否かを問わず，ユーロポールの権能が行使されることになり，その権能が拡大した点であると解される。

　ユーロジャストは，その設立のための2002年2月28日の理事会決定の中で，ユーロジャストの管轄犯罪を，(a)ユーロポール条約（1995年7月26日）第2条の犯罪，および(b)①コンピューター犯罪，②詐欺，腐敗およびEC財政利益に影響を与える全ての犯罪，③犯罪収益のロンダリング，④環境犯罪，⑤組織犯罪への関与，としていた（4条）。ユーロジャスト設立理事会決定は，2008年12月16日に採択された理事会決定（2009/426/JHA）によって改正され，これにより，ユーロジャストの管轄犯罪は，ユーロポールの管轄犯罪と統一されることとなった。

(d)　相互承認原則の対象犯罪——32犯罪——

　上述の犯罪を包含する32種類の犯罪が，一連の相互承認原則を適用する措置として存在し，単一令状や単一証書には，そのリストが予め掲載されている。④財政罰に関する相互承認原則適用枠組決定のみは，さらに道路交通法違反，商品の密輸，知的財産権の侵害，人に対する脅迫や暴力，刑事損害，窃盗，EC条約およびEU条約第Ⅵ編の下で採択された文書から生じる義務の履行目的によって創設された犯罪，の7犯罪が加えられ，合計39犯罪を対象とする。

　現行リスボン条約の下で，EUとしていかなる犯罪にどのように対応していくのかということが明確になってきた。相互承認原則によって，双方可罰性の認証を不要とする32犯罪のうち，特に重要な9犯罪については，指令による定義・刑罰の最小限の法規の確立が予定されている。ドイツが提示したような，定義の不明確さの問題を解決するために，上に見たように，これらの犯罪を，どのように定義付けていくのかが，今後の課題となるであろう。

5 おわりに

　欧州石炭鉄鋼共同体（ECSC, European Coal and Steel Community）に始まる欧州統合の歴史に，マーストリヒト条約以後は刑事司法協力の分野が加わった。そして，その当初から犯罪人引渡しを改革する動きが見られた。EU略式引渡条約とEU犯罪人引渡条約は，発効しなかったものの，規範としてはこの時点で，略式引渡し，政治犯罪に対する改革，自国民不引渡し等に関する改革が完成しており，これまでの成果は欧州逮捕令状に取り入れられた。

　さらに，カーディフ欧州理事会での提案が，新しい刑事司法協力へと向かわせた。相互承認実施措置プログラムで逮捕令状制度が提案され，1993年に始まる犯罪人引渡改革を取り込む形で，欧州逮捕令状制度が創設された。当初の犯罪人引渡改革では，必ずしもその対象とはされなかった双方可罰性要件に大きな変更が加えられた。単一書式による「欧州逮捕令状」のもと，32類型の犯罪については，相互承認という基盤の下で，もはや双方可罰性を認証することは不要という制度が作られた。

　欧州委員会が述べるように，伝統的な犯罪人引渡制度は，もはやEUのような国境の無い地域には適さないのかもしれない。他方で，この新しい令状制度が，その問題を修正するための制度として確立するかどうかは，未だ議論の余地がある。相互承認原則の刑事司法協力への適用にあたり，基本権保護が重要な課題であることは，すでに指摘されている[57]。双方可罰性要件に関しては，数カ国による適用除外宣言などの動きに今後どう答えていくのかが注目される。

　ポスト・リスボンにおいては，刑事司法協力分野に対して，EU機関による関与の制限も無くなり，他の分野と同様に，通常立法手続きおよび特別立法手続きのもとでEU派生法が採択される。こうしたEU立法を通じて，一定の犯罪カテゴリーに対しては，定義の共通化も図られることが予定されている[58]。相互承認原則は，EU基本条約上，刑事司法協力の中にも明記された。EUは，刑事司法協力においても，こうした共通の基盤を築き，EU独自の理論を展開させている。「自由・安全・正義の領域」の確立に向けたEUの挑戦は，今後

第7章　EU刑事司法協力における単一令状制度の構築

も続いていくであろう。EUが構築する新しい刑事司法協力の態様――単一令状制度――は，刑事法をめぐる国家間における主権関係に，新しい課題を提起している。

【注】
1　I. A. Shearer, *Extradition in International Law*, Oceana, 1971, p 5.
2　「国際刑事司法協力」という用語は，「刑事裁判の執行に関するベネルックス条約」（1968年9月26日）および「刑事訴追の移管に関するベネルックス条約」（1974年5月11日）の理由書の中で使われた，"coopération internationale en matière pénale"に由来するとされる（森下忠「国際刑事司法共助の意義と歴史」『国際刑事司法共助の研究』（成文堂，1981年）3頁）。そこでは，19世紀に確立した「犯罪人引渡し」や「司法共助」（証拠の移送など），第二次世界大戦後に確立した「外国刑事裁判の執行」や「訴追の移管」の制度が含まれるという（同書1-12頁）。
3　「単一令状制度」という表現は，EU自身が用いているものではない。また，学説においても，管見の限り見当たらないが，本章ではこのような表現を用いた。類似概念として，相互承認原則に基づく刑事司法協力の一連の措置を指す名称として，「相互承認原則諸文書（mutual recognition instruments）」という表現は存在する（Valsamis Mitsilegas, *EU Criminal Law*, Hart Publishing, 2009, p. 120, p. 127）。
4　マーストリヒト条約の下，刑事司法協力に関し，理事会には，加盟国の発議に基づき「条約（convention）」を作成（draw up）する権限が与えられた（K.3条）。作成された条約は，各加盟国による自国の憲法手続きに基づく採択（adoption）に付される。加盟国の採択が得られ，発効した場合にのみ，条約は加盟国を拘束する。
5　前掲注4に示した，マーストリヒト条約上の条約締結手続きは，ウィーン条約法条約に基づく条約締結手続きとは異なり，EU独自の手続き並びに用語法によっている。特に，ここで「採択」とされている行為は，各国憲法上の手続きにより，条約に拘束されることへの合意を意味するものであり，国際法上は「批准」という用語が一般に用いられる。したがって，他の資料や文献では，マーストリヒト条約上「採択」に当たる場合にも，批准という用語が用いられている場合も多く，本章でも，「批准」という用語を用いる。
6　たとえば，同時期の1995年，第1の柱の下では，規則3269件，指令113件，命令698件が採択されている。Statistics on EU Legislation, 〈http://eur-lex.europa.eu/Stats.do?context=legislative&date=1995〉.
7　Steve Peers, *EU Justice and Home Affairs Law*, Oxford Univ. Pr., 2nd ed, 2007, p. 14.
8　Explanatory Report on the Convention relating to extradition between the Member States of the European Union (OJ C 191, 23 June 97), p. 13.
9　Explanatory Report on the Convention on simplified extradition procedure between the Member States of the European Union, (OJ C 375, 12 December 96), p. 4.
10　*Ibid*.
11　正式名称は，「K.3条に基づいて作成されたEU加盟国間における略式犯罪人引渡手続に関する条約」（"Convention draw upon the basis of Article K.3 of the Treaty on

European Union, on simplified extradition procedure between the Member States of the European Union")。

12 正式名称は,「K. 3条に基づいて作成されたEU加盟国間の犯罪人引渡しに関する条約」("Convention draw upon the basis of Article K.3 of the Treaty on European Union, relating to extradition between the Member States of the European Union")。

13 欧州評議会では,閣僚委員会によって条約が採択される。採択後の条約は,署名のために開放され,批准手続きに付される。署名および批准は,任意であり,条約によっては,欧州評議会加盟国以外にも加入が認められる。

14 "Proposal for a Council Framework Decision on the European arrest warrant and the surrender procedures between the Member States", by the Commission, Brussels, 25.9.2001, COM(2001)522 final/2, 2001/0215(CNS), p.2.

15 Torsten Stein, Extradition, in: R. Bernhardt (ed.), *Encyclopedia of Public International Law*, Instalment 8 (1985), p. 222.

16 Hans-Jürgen BARTSCH, "The Western European Approach", *Revue Internationale de Droit Penal*, No.62, 1991, p. 507. 森下忠「略式の犯罪人引渡し」『犯罪人引渡法の研究』(成文堂,2004年) 96頁。

17 森下忠,同上,120頁。

18 森下忠,同上,100頁。

19 2010年,欧州評議会閣僚委員会は,略式犯罪人引渡しに関する「第3追加議定書」を採択した。同条約は,2010年11月署名開放の後,2012年5月1日に発効した。

20 *Supra note* 9, Explanatory Report, p. 4.

21 *Ibid*.

22 政治犯罪の概念は,欧州犯罪人引渡条約に対する追加議定書で修正されている。

23 *Supra note* 8, Explanatory Report., p. 14.

24 *Ibid*. p. 13.

25 *Ibid*.

26 拙稿「欧州逮捕令状に関する理事会枠組決定の意義——自国民の扱いを中心として——」『熊本法学』111号(2007年) 79頁。

27 拙稿「「犯罪人引渡手続における有罪証拠要件の評価——遺伝子スパイ事件に照らして——」『社会文化研究』(熊本大学) 3号(2005年) 184-187頁。

28 たとえば,米州犯罪人引渡条約は,被請求国の法が異なる規定を置かない限りにおいて,国籍を理由とする引渡し拒否を認めていない(7条1項)。

29 M. Cherif Bassiouni, *International Extradition: United States Law and Practice*, 5th ed., Oceana, 2007, p. 494.

30 *Supra note* 15, Torsten Stein, p. 224.

31 *Ibid*.

32 芝原邦爾『刑事司法と国際準則』(東京大学出版会,1985年) 267頁。

33 *Supra note* 15, Torsten Stein, p. 224.

34 洪恵子「国際協力における双方可罰性の現代的意義について(二)・完」『法経論叢』(三重大学) 第18巻2号(2001年) 54-55頁。

35 「最高刑が1年以上」の原文は "for a maximum period of at least one year" である。刑事司法協力に関する法令で多用されるこの表現は，複数の日本語訳がある。この点欧州逮捕令状枠組決定中の "for a maximum period of at least three years" について「最高刑が3年以上」という訳があり（横山真規雄「EU型『犯罪人引渡制度』の始動と共通逮捕状――"国境なきヨーロッパ"の安寧秩序に向けた新たな展開――」『刑事法学の現代的展開』（八千代出版，2005年）421頁），本章では，横山の訳を参照させていただいた。
36 *Supra note* 8, Explanatory Report, p. 15.
37 Nico Keijzer, "The Fate of the Dual Incrimination Requirement", Elspeth Guild and Luisa Marin (eds.), *Still not Resolved?: Constitutional Issues of the European Arrest Warrant*, Wolf Legal Publishers, 2009, p. 71.
38 *Supra note* 3, Valsamis Mitsilegas, p. 116.
39 Treaty on the mutual recognition and enforcement of judicial decisions, settlements and authentic acts in civil and commercial matters, (UNTS, No. 29395).
40 中西康「無差別措置と『数量制限と同等の効果を有する措置』」（カシス・ド・ディジョン事件）中村民雄・須網隆夫編著『EU法基本判例集〔第2版〕』（日本評論社，2010年）175-180頁。
41 CARDIFF EUROPEAN COUNCIL, PRESIDENCY CONCLUSIONS, SN 150/1/98 REV 1, 〈http://www.consilium.europa.eu/uedocs/cms_data/docs/pressdata/en/ec/54315.pdf〉.
42 TAMPERE EUROPEAN COUNCIL , PRESIDENCY CONCLUSION, *International Journal of Refugee Law*, Vol. 11, No. 4, 1999, pp. 738-752.
43 "Programme of measures to implement the principle of mutual recognition of decisions in criminal matters" (2001/C 12/02), OJ C 12, 15 January 2001.
44 *Ibid*, pp. 14-15
45 *Ibid.*, "A: Table by order of priority", p. 20.
46 "Proposal for a Council Framework Decision on the European arrest warrant and the surrender procedures between the Member States", by the Commission, (2001/C332 E/18), COM(2001)522 final, 2001/0215(CNS).
47 *Supra note* 14, p.2.
48 Case C-303/05, Advocaten voor de Wereld VZW v. Leden van de Ministerraad, ECR [2007] Ⅰ―3633. 邦語解説として，中西優美子「欧州逮捕状枠組決定の有効性」『貿易と関税』56巻4号（2008年）69-75頁。
49 欧州人権条約7条1項は，「何人も，実行の時に国内法又は国際法により犯罪を構成しなかった作為又は不作為を理由として有罪とされることはない。何人も，犯罪が行われた時に適用されていた刑罰よりも重い刑罰を科されない。」と規定する。（邦訳は，田中則夫・薬師寺公夫・坂元茂樹（編集代表）『ベーシック条約集』（東信堂，2012年）による）。
50 小場瀬琢磨「欧州逮捕状制度の各国実施と憲法問題――ドイツ連邦憲法裁判所の欧州逮捕令状法違憲判決――」『貿易と関税』54巻8号（2006年）75頁。
51 Nico Keijzer, "the Double Criminality Requirement", Rob Blektoon(ed.), *Handbook on the European Arrest Warrant*, T.M.C. Asser Press, 2005, p. 149.

52　*Supra note* 3, Valsamis Mitsilegas, p. 126.
53　麻薬中毒（drug addiction）および国際的規模での詐欺（fraud）との闘いという文言が見られたが（K.1条），そのための具体的措置については何ら規定されなかった。また，警察協力という文脈において，テロリズム，麻薬の違法取引，その他の重大な国際犯罪が列挙された（同条）。
54　1999年4月に欧州委員会決定によって設立された（OJ L 136, 31 May 1999）。1987年に創設された UCLAF（Unité de coordination de la lutte anti fraude）を前身とする。OLAF と欧州検察局との関係については，*J.F.H Inghelram, Legal and Institutional Aspect of the European Anti-Fraud Office (OLAF); An Analysis with a Look Forward to a European Public Prosecutor's Office*, Europa Law Publishing, 2011に詳しい。
55　*Supra note* 3, Valsamis Mitsilegas, pp. 184-185.
56　*Ibid.*, p. 185
57　庄司克宏「『自由・安全・司法領域』と EU 市民――欧州逮捕状と相互承認原則――」田中俊郎・庄司克宏編著『EU と市民』（慶應大学出版会，2005年）158-159頁。
58　リスボン条約上，通常立法手続きによるが，刑事司法協力に関する立法については，ほとんどの場面で，加盟国の意向を尊重するための「緊急ブレーキ（emergency brake）条項」が付加されており，困難も予想される。

終章　EUとグローバル・ガバナンス

安江則子

1　はじめに

　ユーロ危機をめぐる混乱にもかかわらず，グローバルな政治主体としてのEUは決して求心力を失ってはいない。通貨危機が深刻化していた2011年に，編者は，ベルギーのブルージュにある欧州大学院（College of Europe）に研究のため滞在していたが，そこではEU公務員をめざす加盟国や加盟候補国の若者が勉学に励んでいた。近隣諸国や東バルカンの潜在的加盟候補国の若い公務員も，EUの制度や政策についての研修に訪れていた。独立承認問題が完全には解決していなかったコソボと，セルビアの研修生とが席を並べて欧州統合について学んでいたのも印象的であった。EUは2013年7月に28カ国目の加盟国クロアチアを迎え，EUの影響力が及ぶ地理的領域は今も広がりつつある。

　EUの存在感はグローバル・ガバナンス全域において高まっている。それは，本書でとりあげた政策領域，外交安保，通商，開発援助，環境，刑事司法といった様々な国際秩序形成の場面において，欧州的価値に基づいたEUの言説や行動にみることができる。この終章では，各章における専門家の分析を踏まえて，EUの対外政策とその規範的側面について，到達点と課題をまとめてみたい。

2　EUの対外政策——一体性・一貫性と多国間主義の課題——

　2009年のリスボン条約発効後，欧州対外行動局（EEAS, European External

Action Service）が，外相理事会を補佐する形でEUの対外政策の責任を担うようになり，対外的な発信力の強化や諸政策間の一貫性の確保を図ることが期待されている。ただし，リスボン条約によっても，対外政策に関するすべての権限をEEASに集中させたわけではない。たとえば，開発支援政策や人道支援などについては，リスボン条約後も，EUの行政部門である欧州委員会の担当欧州委員が引きつづき責任を担うことになった。そのためEUの対外政策は，分野によってEU内の意思決定方式や優先目標が異なり，個々の政策領域の権限分担は実に複雑になっている。また，それぞれの政策分野を担う機関が異なり，加盟国の立場に相違があるなかで，加盟国間で共有される価値に基づいて「一体性（coherency）」を維持しつつ，かつ分野ごとに異なる意思決定プロセスを通じて「一貫性（consistency）」のある対外政策を展開することについては，いまだ課題も多く残っている。

　ミハエル・ライテラー氏（M. Reiterer）の論考は，EUの対外政策が一体性や独自性を獲得することが，いかに困難なプロセスであるかを指摘している。加盟国間の利害や優先順位の対立，その「深遠な哲学的・戦術的差異」について，克服が求められるという。EEASは，個別の政策領域で，欧州委員会の担当総局などと，EUとして共通行動の戦略的枠組みを構築する上で，調整を図っていかねばならない。

　EU外交の特性は，しばしばシビリアンパワーに見出される。法的根拠に基づき，政治的・外交手段を効果的に活用した非軍事的な安全保障のアプローチは，テロの根本原因を見据えた対策，気候変動問題，死刑の廃止，国際刑事裁判所の設置や「人間の安全保障」を重視する姿勢に体現されている。EUの外交安保に関するヴィジョンは，まず2001年の9.11テロ後に，「よりよい世界における安全なヨーロッパ」（A Secure Europe in a Better World）と題された「欧州安保戦略」（European Security Strategy）の中で示された。その中で共通の脅威認識が示されるとともに，法に基づく国際秩序の発展や国際機関との協力が前面に出されている。特に，国連などの国際機関との協力を強化する多国間主義外交を重視する方向性が示された。これはEU自らが，複数の主権国家からなる連合体であり，多国間主義が欧州統合の基盤であることと無関係ではない。

終章　EUとグローバル・ガバナンス

　2010年に欧州理事会は,「ヨーロッパ安全保障モデルに向けて」(Towards a European Security Model) という文書を公表した。その中で，再びEUとしての共通の脅威認識やその背景となる世界の状況に対する分析が提示された。脅威認識として，テロリズムや組織犯罪，越境犯罪などを挙げるだけでなく，欧州的な安全保障の原則として，基本的人権や法の支配，透明性や説明責任，社会的統合，差別との戦い，連帯と相互信頼などを強調し，アメリカ的な安全保障との差異化を試みている。こうしたEUの文書は，十分に戦略的ではないという批判はあるが，独自の安全保障観を示そうとした点で一歩前進と言える。

　特に2003年の戦略文書以降，EUの公式文書において「効果的な多国間主義」(effective multilateralism) が強調されるようになっている。一般に多国間主義においては，主要アクター間での一体的な行動には立場の相違がつきまとい，また関連する分野の優先度の違いなどにより一貫したアプローチを欠くことになるという課題がある。さらに，意思決定に時間がかかって非効率であるという問題が内在する。EUにおいても，対外政策の領域によって　政府間主義にとどめようとする加盟国と，EUとしての共通行動を望む加盟国とが最後まで意見の一致をみないことも多い。

　多国間主義は，多国間の枠組みに参加する国々が問題への共通の認識を維持し，原則や価値を共有できる場合にのみ効果的に機能することは，これまでも指摘されてきた。欧州統合のプロセスを通じて育まれ，リスボン条約によってEU条約21条に規定されることになった対外政策の原則，価値および目標は，EUのすべての対外行動の方針策定において基本指針となる役割を果たしている。

3　EUの外交安全保障政策と国連

　経済的な地域共同体として統合を進めてきたEUは，冷戦後，安全保障分野においても徐々に共通政策としての権限と能力を拡大させてきた。安全保障は現在も加盟国の主権的権限分野ではあるが，2003年以降，国連安保理の決議の下でEUとして平和維持活動を展開するなど，その存在感を高めてきた。EC(当

時)は，1974年から国連総会においてオブザーバーの地位を得ており，2011年には総会における発言権を手に入れている。

リスボン条約21条2項(c)は，「国連憲章の目的と原則，ヘルシンキ最終議定書の原則およびパリ憲章の目標に従う平和維持，紛争予防および国際的安全保障の強化」のために，また2項(h)は，「多国間協力とよきグローバル・ガバナンスによる国際体制の促進」のために，EUが共通政策を実施すると謳っている。

梅澤華子氏の論文は，EUの安保政策を，国連との協力関係の進展という視点で捉えている。EUが国連との協力関係を重視するのは，EU自らが多国間主義に立脚していることから，アメリカのユニラテラリズムとの差異化を図ること，そしてEUの展開する平和維持活動の正当性の拠り所として国連との協調が求められてきたという側面があろう。

設立当初，安保政策の権限をもたなかったECでは，1970年から非公式な政治協力の枠組みとして欧州政治協力（EPC, European Political Cooperation）を発足させ，外交安保協力を開始した。冷戦が終わると欧州の安全保障環境は大きく変化を遂げて，1992年に採択されたマーストリヒト条約により，EUの第2の柱として欧州外交安保政策（CFSP, Common Foreign Security Policy）が位置付けられた。人道支援や平和構築など，いわゆる「ペータースベルグ任務」は，1997年に採択されたアムステルダム条約に基づいてEUが実施することになった。

1998年12月，サンマロ英仏首脳会議の場で，EUにおける軍事能力の強化が協議された。これを受けて翌1999年，ケルン欧州理事会において，EUは紛争防止やペーターズブルグ任務を通して国際的な危機管理に責任を果たしていくことが合意され，このことは同年にNATO首脳会議で採択された「新戦略概念」でも確認された。1999年には，CFSPに上級代表としてソラナが就任し，CFSPのもとで共通安保・防衛政策（ESDP，リスボン条約後はCSDPへと改称）が開始された。そして2003年を目標に，ペーターズブルグ任務を6万の兵力展開能力をめざすヘッドラインゴールを策定し，非軍事的危機管理を遂行することになった。NATOが直接関与しない紛争について，NATOの資源を利用しながらEU独自の活動を行う，いわゆる「ベルリン・プラス」も合意された。

終章　EUとグローバル・ガバナンス

ただし，EUとして展開される軍事的任務は，現在のところ限られたものに留まっている。

こうした動きと並行して2000年には，国連事務総長とEUの共通外交・安保上級代表による連絡体制が整えられ，これ以後，安全保障に関連する両機関の協力が模索される。イラク戦争が開始された2003年，ソラナは，前述の「欧州安保戦略」を策定し，その中で法に基づく国際秩序の発展や国際機関との協力を重視する方向性を示した。同年，アナン国連事務総長とソラナは，「危機管理における国連・EU協力に関する共同宣言」も発し，それ以降，国連とEUは，平和構築分野などで協力を進めていく。

2003年には，初めてEUによる平和維持活動が展開された。ボスニア＝ヘルツェゴビナにおいて，国連警察タスクフォース（IPTF, International Police task force）の任務を引き継ぐ形で，地元警察の能力強化などを目的としたEU文民警察ミッション（EUPM, European Union Police Mission）が派遣された。この直後の2004年に，欧州理事会は，「軍事的危機管理作戦におけるEU-国連協力」を採択している。

国連との協力は，EUが外交安保に関する自律性を高めながら，平和維持活動の政治的な正当性を得るというメリットがある。他方，国連にとって，地域機関との協力はテロの防止や紛争解決において必要不可欠である。特に，EUによる活動は，EUや参加国自らの費用負担によるものであり，国連にとって特に財源確保の面からも好都合である。国連は，より柔軟に地域機関との協力を模索するようになっている。

2012年末現在で，EUによって派遣された平和維持活動は30を超えるが，その大半は文民ミッションである。またEUの平和活動には，非加盟国の参加も歓迎されていることも特徴である。展開される地域は，旧ユーゴスラビアや欧州と歴史的関係の深いアフリカがいぜん多数を占めているが，中東やアジア地域，たとえばインドネシアのアチェやフィリピンのミンダナオなどより広範な地域に派遣先を拡大する傾向にある。EUは，今後どのような形態で国連と協力し，NATOの任務との棲み分けを保ちながら，〈シビリアンパワー＋α〉として独自の平和活動を展開していくのか注視する必要がある。

4　EUの通商政策における欧州的価値

　通商政策は，欧州統合の初期の段階から，加盟国が一体的に行動することによるメリットが強調されてきた政策分野である。ローマ条約では，通商協定の締結に関するEUの権限は必ずしも明確ではなかったが，欧州司法裁判所の判例を通じて共通通商政策への道が示された。しかしGATTやそれを引継いだWTOの諸協定に関して，かつて欧州司法裁判所は，EUの排他的権限である領域とは別に，加盟国に残された権限もあると判断した。2001年に締結されたニース条約においても，文化・教育・保健衛生などの分野については加盟国に権限が残されており，対外的な通商条約の締結にあたっては，EUと加盟国がともに協定に署名する「混合協定方式」がとられてきた。しかし，2009年に発効したリスボン条約によって，通商政策に関する任務は原則としてすべてEUの責任において実施されることになった。

　かつて「ヨーロッパ要塞論」も唱えられたことがあるEUであるが，加盟国間で貿易自由化をめぐる姿勢には立場の相違がみられる。一般に，ドイツ，イギリス，オランダおよび北欧諸国を中心とする北部ヨーロッパ諸国は貿易自由化を志向するのに対し，フランス，イタリア，スペインなど南部ヨーロッパ諸国は，特に農業分野を中心に保護主義の傾向が強い。またEUの機関内でも立場の相違がある。たとえば欧州委員会の通商担当と比べ，欧州議会はこの問題について常に保守的な態度をとってきた。

　EU条約21条(e)には，「国際貿易に関する制限の漸進的な撤廃などを通じた，すべての国家の世界経済への統合」が謳われている。また，EU運営条約（旧EC条約）206条では，EUは世界貿易の調和的発展，貿易や直接投資に関する制限の漸進的廃止，関税その他の障壁の引下げに貢献するという規定があり，グローバルな市場自由化と同調する表現が見られる。

　その一方で，EU条約の対外政策の目標や原則，すなわち，「人権や民主主義などのEUの価値の重視，途上国の経済・社会および環境の発展」などを定めた一般規定が，共通通商政策にも適用されると解される。すなわち，貿易を

終章　EUとグローバル・ガバナンス

通じた「非貿易目的」を達成するため，EUが掲げる価値を相手国に求める条文などを，通商協定に盛り込むことが法理上可能となっている。そのため，EUが対外関係の原則で重視する人権問題は，EUと相手国の通商協定締結にも影響している。

ジーグリンド・グストール氏（S. Gstöhl）の論稿では，EUが，近隣諸国や発展途上国との間で，政治的な目的と関連させつつ通商協定を利用してきた経験について説明している。人権弾圧国に対して，EUは貿易特恵を停止する措置をとってきた。たとえば，1997年のミャンマーおよび2007年のベラルーシに対する一般特恵関税制度（GSP）の停止がそれにあたる。グストール氏によれば，EUは，「対外関係において，経済的利益，政治的利益およびその他の規範を結びつけることを目指している」という。

また1989年の天安門事件以後，中国に対する武器禁輸措置は，中国との貿易が増大する中でも継続されてきた。もっとも武器禁輸措置の対象範囲の決定は加盟国に委ねられ，禁輸措置は形骸化しているとの批判もある。通商政策における人権重視の姿勢については賛否両論ある。人権問題よりも現実主義的立場をとることが，加盟国やEUの利益にかなうという主張もみられる。たしかにEUの求めている政治的なコンディショナリティは，たとえば，移民の抑制あるいは天然資源の輸入というような重要な経済的利益との関係で，「二重の基準」に陥るという問題もある。

さらに，グローバルな貿易自由化の進展は，EUあるいは加盟国の「非貿易的な関心」と両立しない場合も多い。たとえば，「食の安全」や持続可能性，文化的多様性の保護といった価値が，自由貿易によって損なわれる可能性があることが懸念されている。遺伝子組換え作物（GMO）の輸入・流通に関する規制，放送番組に占める欧州作品の割合を規定するルールなどは，貿易自由化を至上命題とするWTOと対立する要素でもある。

EUは，WTOを重視しながらも，バイラテラルなFTA政策を積極的に展開しており，その数は30以上に及ぶ。従来は，EUに加盟していない欧州諸国や近隣諸国が中心であったが，近年は，韓国，ペルー，コロンビア，その他の中米諸国とFTAを締結した。これらのFTAを通じた通商政策においても，

貿易と持続可能な開発の関係，あるいは国際労働基準への言及が見られることが注目される。こうした傾向は，欧州および近隣諸国あるいはACP諸国（African, Caribbean and Pacific States）という地理的・歴史的にEUと結びつきのある地域を超えて，欧州的価値が普遍性を獲得することにつながる。EUは，近年，欧州的価値を反映させやすい個別の経済協定の締結に意欲的であり，アジアや中南米などに対する規範的パワーの試金石とも言える。

5　開発支援，近隣諸国政策と政治的コンディショナリティ

EUによる対外政策の特色は，開発援助政策においても顕著である。現在，EUと加盟国をあわせると世界の政府開発援助（ODA）の約55％を占め，その5分の1はEUから拠出されてきた。こうした開発政策を通して，EUは途上国に対して人権や民主主義，よい統治などの実現を求め影響力を及ぼしてきた。たとえば，1991年，欧州理事会は，発展途上国との間で締結されるすべての協力協定に人権条項を挿入すると宣言した。その後，欧州委員会は，人権条項のための基本指針を提示している。

中西優美子氏の論考は，EUが，人権や民主主義といった政治原則に基づいて，開発支援政策を展開するようになっていく経緯を時系列的に示している。特に，法的側面から欧州司法裁判所が取りあげた事例，たとえば，旧ユーゴスラビアやインドに関連した事例を詳細に分析している。そして廃案となった欧州憲法条約の起草段階での議論を紹介し，リスボン条約において人権や民主主義が主流化（mainstreaming）されていく様子を説明している。

1992年に採択されたマーストリヒト条約は，開発協力をEUの第一の柱であるECの政策分野として位置づけ，開発政策が，「民主主義，法の支配，人権や基本的自由の尊重を発展させ強化するという一般目的に寄与すべき」ものであることを定めた。それ以前にも，1989年に調印された第4次ロメ協定に人権条項がみられる。ロメ協定とは，英仏の旧植民地を中心として構成されるACP諸国に対するEUの開発支援の枠組みであった。第四次ロメ協定は，先述したマーストリヒト条約発効後に修正され，人権と民主主義が開発協力の「本

終章　EUとグローバル・ガバナンス

質的な要素」であること，それゆえに，その侵害が支援の一時停止や不執行などの措置をとる理由とされうることが示された。

　1990年代以降，ロメ協定以外の経済協定においても，同様の条項が挿入されるようになる。加盟予定国に対する政治的な条件の付与は欧州的価値とアイデンティティを示す機会となった。EU 加盟以前に EU がバルト三国との間で締結した貿易・通商経済協定やブルガリアとの連合協定においても，民主主義の原則と人権尊重が，それぞれの協定に違反した場合の対抗措置を含めて盛り込まれている。そもそも1993年，東中欧諸国の EU 加盟が議論される中で，いわゆる「コペンハーゲン基準」が採択され，①政治的基準，②経済的基準，③アキ・コミュノテール（EU 法の集積）の受容が EU への加盟条件として要求された。そのうち政治的基準とは，民主主義，法の支配，人権および少数民族の保護が中心的な内容である。EU の拡大プロセスは，民族紛争の火種をかかえる地域の安定に寄与し，EU が自らを規範的パワーとして自任する契機ともなった。EU 加盟の交渉プロセス，それ自体が，欧州的価値に基づいた強力な対外政策としての側面をもつことが証明された。

　1995年には，「EC と第三国との協定における民主主義と人権尊重原則の言及に関するコミュニケーション」が欧州委員会より発せられ，第三国との協定において挿入される文言の統一性が図られるようになった。（その後2005年には，この文書を補完する新たなコミュニケーションも公表された。）

　欧州委員会による1996年のグリーンペーパーは，ロメ協定について自己批判ともいえる厳しいレビューを行っている。そこではロメ協定は経済効果という観点からは失敗であるとされた。ACP 諸国への開発支援は，受け手側の主体性や能力強化が求められ，汚職や腐敗防止といった「よい統治」に関するコンディショナリティの強化が必要とされた。また，各国の開発援助政策を客観的に評価する OECD の報告書では，EU の開発援助について，支援先の国々が自律的に国際経済に統合される道筋がつけられてこなかったこと，目標が実質的にどの程度まで達成されたのかその検証が十分でないことなどが指摘されてきた。

　こうしたレビューを経て，2000年には，欧州委員会により，「開発政策宣言」

(Development Policy Statement) も発せられ，EU の開発政策は，外交・貿易と並んで対外政策の3本柱の1つと位置づけられた。EU による政治的コンディショナリティを重要視する姿勢は，ロメ協定を引き継いだコトヌー協定（2000年締結，2003年発効）において一段と強化された。また同じく2000年に国連ミレニアムサミットで採択されたミレニアム開発目標（MDGs）による「貧困の撲滅」目標とも問題意識が共有されている。

さらに，2004年から展開された近隣諸国政策（ENP, European Neighbourhood Policy）も重要な EU の外交手段である。近隣諸国政策は，地理的に「欧州」の範疇に含まれず，EU 加盟が予定されていない中近東や北アフリカなど地中海諸国や東バルカンの諸国との間で展開されている。ミハイル・ライテラー氏（M. Reiterer）は，「近隣政策において EU の対外的影響力はもっとも発揮される」ことを指摘している。近隣諸国政策においても，EU は経済支援の条件として，コペンハーゲン基準と同様の政治的コンディショナリティを求めている。加盟を前提としない近隣諸国に対する政策には，現在および将来にわたり EU の域外国境や周辺諸国間の安定を維持し，これらの国々との良好な経済関係を構築することが長期的な利益にかなうという戦略的な含意がある。近隣諸国政策は，資源外交や対ロシア戦略，テロ予防の文脈でも説明することもできる。ヨーロッパ的価値に基づく地域の安定は，こうした戦略にとっても重要である。さらに，「アラブの春」と言われる北アフリカの一連の民主化革命後，不安定となったこの地域における EU の役割も，今後は注視されよう。

6　EU 環境政策の対外的側面

EU の対外行動に関する一般規定である EU 条約21条は，その2項(f)において，「持続可能な開発を確保するため，環境の質および地球の天然資源の持続可能な管理を維持し，かつ改善するための国際的措置の発展」に貢献することを記している。EU においては，持続可能性や環境に関する政策が，対外政策としても明文で位置づけられていることが特徴的である。EU は2020年に向けて数値目標を掲げ，温暖化ガス削減や再生可能エネルギーの普及を推進してお

終章　EUとグローバル・ガバナンス

り，2005年からは独自の排出量取引制度（EU-ETS, Emission Trade Scheme）を導入している。

　EUの環境政策の歴史は，1973年の第一次環境行動計画にはじまる。この時期，環境政策は基本条約上の権限ではなかったが，酸性雨や国際河川の汚染といった加盟国レベルでは解決できない問題に対処するために共通政策をスタートさせた。欧州として共通で行動することでのみ政策的効果が高まる分野として，いわゆる「補完性原理」の先例となった。その後，1987年に採択された単一欧州議定書により環境政策がECの権限となり，1990年には，その2年後のリオ地球環境サミットに先立ち「欧州地球サミット」が開催された。1992年の第5次環境行動計画では，「持続可能な発展」や「予防原則」といった地球規模の環境問題への議論でも認知されていく主要なコンセプトが導入された。また，産業・交通・エネルギー・農業など，すべての政策分野で環境対策が考慮されることになった。

　さらにEUは，従来の規制・統制といった手段以外に，開放型調整方式（OMC, Open Method of Coordination）という政府・企業・市民など多様なアクターの参加型，責任分担型の政策の決定および実施体制をいち早く採用した。1994年には，欧州環境庁（EEA, European Environmental Agency）が設置され，環境に関する統計データを集積して報告書を作成するEUレベルの研究機関が活動を開始した。

　2001年から実施された第六次環境行動計画では，産業革命後の地球の温度上昇を＋2度にすることを環境政策の目標とした。地球規模で締結された「京都議定書」は，当初2002年に発効が予定されていたが，ロシアの批准が2005年までずれこみ，議定書に基づく排出権取引の開始も延期されていた。これに対してEUレベルにおいては独自の排出権取引が2003年のEU-ETS創設指令に基づき，2005年から実施された。EU-ETSは，まず二酸化炭素のみを対象として，一定規模以上の燃焼施設について排出権が無償で割当てられた。

　2008年には，早くも第1期のEU-ETSのレビューが行われ，2013年からは，それまでの制度のレビューに基づいて改善を行うと同時に，取り扱う温暖化効果ガスの排出権の適用範囲がさらに拡大される。それによって，①対象ガスの

追加，②対象領域を航空・石油化学などへ拡大，③期間を1期8年に延長，④国際競争力への配慮，⑤国ごとでなくEU全体で排出権決定，などの方針が決定された．同年，EUは環境目標「欧州20・20 by 20」を設定し，温暖化効果ガスを2020年までに20％削減し，再生可能エネルギーの比率を20％にすると宣言した．

　河越真帆氏の論稿は，EU-ETSの発展形として，EUが世界に先駆けて試みる民間航空部門における排出権取引という新たな挑戦を取り上げている．EUにおいては，すでに航空業界は自由化され，域内において他の加盟国の航空会社の参入を認めるカボタージュも2007年から解禁されている．航空部門の排出権取引制度によれば，EU域内の空港に発着する外国の航空機にもEU-ETSに基づく排出権を取得する義務が課せられることになる．

　こうしたEUの政策は，国際民間航空機関（ICAO, International Civil Aviation Organization）において行われている環境に関する取組みとの関係が問題となる．グローバルなレベルにおいて，ICAOでも2010年に国際航空における温暖化ガスの規制について議論しているが，現時点ではスローガン的な目標設定に過ぎない．EUの先進的な試みは，アメリカなど他の先進諸国との対立を招いており，国際航空運送協会（IATA, International Air Transport Association）も，ICAOによる国際制度の策定が望ましいとしている．

　航空部門の排出権取引においてグローバルな秩序形成に先んじるEUの動きは，民間国際航空の利用者が飛躍的に増え続けるなかで，効果的なイニシアティブと言えよう．

7　EUおよび加盟国によるGMO規制とWTO

　EUの多くの加盟国は，GMO（遺伝子組み換え作物）推進国であるアメリカと比べてGMOの貿易や栽培に消極的であった．2011年現在において，GMOの栽培を行っている加盟国は6ヵ国のみで，フランスは2007年に，ドイツは2008年に栽培を停止している．EUによるGMO規制は，通商，環境・農業・食の安全の確保といった諸政策に関連して，自由貿易を優先するアメリカとの相違

終章　EUとグローバル・ガバナンス

を端的に示してきた分野でもある。

　域内の農産品の貿易自由化と「食の安全」の問題について，EUは独自の制度や政策を展開してきた。EUは食品や飼料を含む域内貿易の自由化を達成し，単一市場を形成した。ある加盟国で合法的に流通している商品は，相互承認原則によって，他の加盟国でも自由に流通させることが認められた。しかし，イギリスで発生したBSE問題を契機に，自由流通を認める前提として，食糧の安全性を保障する共通のリスク管理システムの樹立が急務であることが認識された。域内消費者の健康に関する問題を，食料品業界の圧力や加盟国の利害関係に左右されずに，科学的根拠に基づき客観的・制度的に実施することが求められたのである。

　2002年に採択された「食糧安全規則」と，それに先立つ「予防原則に関するコミュニケーション」は，EUのこの問題に対する基本的な考え方を示したものである。また，食糧安全規則に基づき，欧州食糧安全庁（EFSA, European Food Safety Authority）が設立された。この機関は，EUや自由貿易協定を締結する他の欧州諸国との間で，食糧の安全に関して，国益や企業利益から独立した研究機関においてリスク分析を実施し，それをEUレベルの意思決定に反映させていく目的で設置された。8つの科学的パネルが置かれ科学的リスク評価を実施しているが，GMOの安全性に関する問題もEFSAの任務とされ，パネルの1つがGMOに関する問題に特化している。

　GMO作物の貿易について，EFSAによる科学的根拠に基づいた危険性の指摘がない場合でも，EUや加盟国によるGMO承認手続きの遅延があることなどに対して，アメリカを中心とする国々がWTOに提訴した。欧州における反GMOの動きが，新たなGMO市場となるアフリカなどの途上国にも拡大することをおそれたと言われる。

　WTOの下にあるSPS協定（植物衛生検疫措置の適用に関する協定）におけるリスクの科学的な評価と「予防原則」の適用をめぐって，アメリカを中心とするGMO推進国と，多数のEU諸国の考え方には開きがあることが明らかになった。国際法学者の間で「予防原則」が慣習国際法として認められるか否かについては対立があるが，2006年のWTOの裁定は，科学的な根拠を厳格に捉えて

アメリカ側の主張をほぼ認めるものであった。

　WTOの裁定をうけて，EUレベルでは2008年にGMOの承認手続きが再開されたが，フランスなどの加盟国ではGMO製品の流通や栽培について激しい反対運動がくり広げられた。農業団体の中にもGMO賛成の組織と反対の組織があるなど，対立構造は複雑である。2010年に公表されたバイオテクノロジーに関するユーロバロメーターの調査によると，GMOの栽培や製品流通への反対はEU平均で61％と高い。市民は，科学的に検証可能な食糧安全のリスクの問題に留まらず，次世代や生態系全般にわたる影響についても関心を寄せている。こうした世論や反対運動に影響され，多くの加盟国はGMOに厳しい国内法を継続し，一部の国では「GMOフリー」の表示を義務づけている。

　EUレベルにおいても，GMOの危険性を遺伝子学に基づく食品安全の立場からだけではなく，より広く生態系の保全や社会経済的な影響から判断しようとする動きも始まっている。環境閣僚理事会は，GMOの環境影響評価および栽培後のモニタリング調査の実施と，GMO栽培が社会経済的に及ぼす影響についても検証するよう欧州委員会に要請した。また地域の生態系や地域農業の特性を活かし，GMOフリーゾーン設定のための自主協定を認めることなどを提示している。欧州では，グローバル化時代の持続可能な農業のあり方について，EFSAによる食糧の安全性に関する科学的なリスク分析に加えて，社会経済的なリスクも含めてより広い視座から検証する必要が唱えられている。

8　EUの刑事司法協力の展開

　EUの刑事司法協力分野においても，2002年の「欧州共通逮捕状」(European Arrest Warrant) の導入などを契機に，国際刑事法の伝統的な原則の変更につながる新たな展開がみられる。1992年に採択されたマーストリヒト条約によって，司法内務協力が，EUの列柱構造の「第三の柱」において共通政策として実施されるようになった。EU域内における市民の自由な移動，国境検問の廃止が準備される中で，越境犯罪の取締まりを共通政策として実施することが求められた。同じ年，ユーロポール (Europol) が設立され，加盟国間の警察協力

終章　EUとグローバル・ガバナンス

が強化されていった。1997年に採択されたアムステルダム条約によって，加盟国間で域内国境検問の廃止を取り決めたシェンゲン協定が，EUの基本条約に統合された。域内国境検問の廃止は，犯罪者の域内自由移動も可能にするため，加盟国の司法や警察協力の必要性は一段と高まっていた。

　ユーロジャスト（Eurojust）による司法協力は，2003年に発効したニース条約を根拠に進められた。ユーロジャストは，加盟国の検察官および裁判官から構成され，重大な越境犯罪，特に組織犯罪の捜査や起訴への協力のため，検察当局間の調整や，証拠・証人の移転，犯罪人引渡しを行う。2002年に理事会によって採択された枠組み決定によって「欧州共通逮捕状」が導入された。この逮捕状に基づき，加盟国は犯罪容疑者を逮捕し60日以内に引き渡しを決定し，決定後10日以内に被疑者を請求国へ引き渡すことが義務づけられている。この欧州共通逮捕状は，従来の外交的な取決めに基づく犯罪者の引渡制度というよりは，同一国内の犯罪者の移送に類似した手続きに依拠している。そのため，導入にあたっては，ポーランドのように憲法上の人権問題として議論された加盟国もあった。けれども，すべてのEU加盟国は，欧州人権条約およびEU基本権憲章（リスボン条約発効により法的効力発生）の当事国である。加盟国間では，互いの司法制度，特に刑事手続きについて一定程度の信頼が醸成されており，また欧州人権条約の第6議定書に従って加盟国では死刑は廃止または停止されている。さらに2001年の同時多発テロとその後の欧州でのテロによって，越境する組織犯罪の取締まりが急務であるとの認識が共有されることになった。EUは，欧州逮捕令状や欧州証拠令状（European Evidence Warrant）といった単一令状制度を実施に移すことを実現させた。

　浦川紘子氏によると，こうした制度を支える原理が，国際刑事法の伝統的原則とは一線を画する双方可罰性要件についての考え方である。本来，国際刑事法においては，自国において可罰的でない行為については引渡しを行わないが，2002年に採択された欧州逮捕状枠組決定において限定列挙された32の犯罪については，双方可罰性を確認する手続きなしで，それがあるものとして引渡しを行うというものである。リスボン条約では，さらに一歩踏み込んで「越境する刑事問題における判決および司法的決定の相互承認を推進し，警察司法協力の

促進のために」必要な範囲で，欧州議会と理事会が指令によってルールを定めることが認められた。ただし同時にこれらのルールは，加盟国の伝統と体制の相違に配慮することが求められており，現時点ではEUレベルでの警察協力は，主権国家がもつ強制力や管轄権の排他性を損なうものではない。

　加盟国の権限に配慮しながらも，EUは，越境犯罪の効果的な取締まりのための制度的枠組みや手続きを着々と構築しており，こうした共通政策の展開は，テロや組織犯罪への脅威もあって，概ね欧州市民の支持を得ている。EUの刑事司法協力の試みは，すべての加盟国での死刑廃止や停止，刑事手続きにおける相互信頼を前提としており，直ちにグローバルな普遍性をもちえないとしても，テロの脅威と越境犯罪に直面する国際社会においてもいずれは検討されるべき課題であろう。

9　おわりに

　欧州統合という試みは，国際法や国際関係における様々な既成概念や常識を乗り越えながら進展してきた。それはまずEUという固有の政体としての存在形式に体現されている。すなわち，地域的国際機関としての形態をもちながら，基本条約により加盟国から主権的権能が委譲され，共通政策を実施し，対外的に1つの声で発言する権限をもっていることである。

　実際，EUは国境を越えた課題が山積する国際社会において，紛争解決，通商，開発援助，地球温暖化対策，テロをはじめとする越境犯罪対策など多くの政策分野で，新たな国際秩序の形成に向けて一定の役割を果たすようになった。そのEUが，様々な分野の国際交渉の場において対外的に発信するメッセージは，普遍性のある規範的価値に裏打ちされた言説の形をとっており，欧州外交の特徴となっている。

　グローバル化する社会においては，様々な課題を多国間で解決するメカニズムの構築が求められる。EUは，「効果的な多国間主義」を目指しているが，そこでは多国間の枠組みに参加する国々が価値を共有して問題に対処することで，よりよくその機能を果たすことが可能とされる。リスボン条約は，EUが

終章　EUとグローバル・ガバナンス

基盤とする価値および原則を，EUの対外行動の「扇のかなめ」として位置付けている。こうした「価値の共同体」としての一面をもつEUが，その60数年の多国間主義の経験に基づき，国際秩序形成の場に臨むことは，「より強固な多国間協力とよいグローバル・ガバナンス」の構築に寄与するであろう。

　もっとも，理念的・規範的価値を掲げるEUの対外政策は，国際社会でそのまま受け入れられているわけではない。アジアには，かつて植民地支配を行った欧州諸国が人権問題で内政に干渉することに抵抗感をもつ国々もある。また，国際貿易の自由化が急速に進む中で，EUが重視する「持続可能性」，「食の安全」そして「文化的多様性」といった価値を自由貿易の例外措置の根拠とすることは，形を変えた非関税障壁であるとしばしば糾弾されてきた。

　さらに，EUや加盟国がユーロの信用不安や財政的危機に直面したことは，人権や法の支配を重視する規範的アプローチによる外交ではなく，より現実主義的で利益を重視した通商政策への誘引ともなる。たとえば，EUと国境を接しておらず安保上の脅威ではない中国との関係では，加盟候補国や近隣諸国に対する外交とは異なり，少数民族政策や人権状況などを問題にするよりも，通商上の利益を優先させるという選択肢もありえる。しかしユーロ危機の余韻の残る2012年6月に公表された「東アジアに対するEUの外交安保政策のガイドライン」を見る限りにおいては，中国に関する関心の高さが改めて示されると同時に，対中政策においてもEUが規範的側面を強調する姿勢が維持されてきている。

　このことは，EUの対外政策における規範的な要素が，具体的な場面で，政治的・経済的利害の文脈との調整が行われることがあるにしても，リスボン条約で示されたEUの対外政策の原則・方針から大きく逸脱せず，自らの言説に縛られる形で行動することを意味している。グローバル化の進展に伴い，様々な利害が交錯する国際交渉の場において，EUの規範的な言説がどこまで説得力をもちえるのか，EUの言説と行動の真価が今後も問われることになろう。

◆ EUの対外政策リンク集 (European Diplomacy–Selection of useful links)

EU Foreign and Security Policy http://europa.eu/pol/cfsp/index_en.htm
European External Action Service (EEAS) http://eeas.europa.eu/index_en.htm
The High Representative of the Union for Foreign and Security Policy http://eeas.europa.eu/ashton/index_en.htm
The President of the European Council http://www.european-council.europa.eu/the-president.aspx
The President of the European Commission http://ec.europa.eu/commission_2010-2014/president/index_en.htm
European Parliament: Foreign Affairs Committee http://www.europarl.europa.eu/committees/en/afet/home.html
European Economic and Social Committee – External Relations Section http://www.eesc.europa.eu/?i=portal.en.rex-section
EU News room http://europa.eu/newsroom/index_en.htm
Delegation of the European Union to Japan http://www.euinjapan.jp/en
EU Institutes in Japan http://www.euinjapan.jp/en/network/euij/
Erasmus Mundus in Asia http://www.emeuropeasia.org/
Asia Europe Meeting (ASEM) Infoboard http://www.aseminfoboard.org/
Asia Europe Foundation (ASEF) http://www.asef.org/
Resource Center/University of Leuven http://soc.kuleuven.be/iieb/eufp/
European Voice (weekly)
http://www.europeanvoice.com/page/european-voice-an-independent-voice-on-eu-news-and-affairs/1.aspx
Europolitics-Foreign Affairs
http://www.europolitics.info/externa-policies/external-relations.html?view=contenu
Chatham House (UK) http://www.chathamhouse.org/
European Foreign Affairs Review http://www.kluwerlawonline.com/toc.php?pubcode=eerr
Asia Europe Journal http://www.springer.com/social+sciences/journal/10308

◆主要参考文献

Bretherton.C and Vogler J., *The European Union as a Global Actor*, Routledge, 2006.
Christiansen T., Kirchner E. and Murray P. (eds.), *The Palgrave Handbook of EU-Asia Relations*, Palgrave Macmillan, 2012.
Eeckhout P., *External Relations of the European Union*, Oxford University Press, 2004.
Fletcher M., Loof R. and Gilmore B., *EU Crime Law and Justice*, Edward Elgar Pub, 2008.
Hill C. and Smith M. (eds.), *International Relations and the European Union*, Oxford University Press, 2011.
Jordan A. and Adelle C.(eds.), *Environmental Policy in the EU: Actors, Institutions and Processes*, Routledge, 2012.
Keukekeire S. and MacNaughtan J., *The Foreign Policy of the European Union*, Palgrave Macmillan, 2008.
Ladi Z. (ed.), *EU Foreign Policy in a Globalized World: Normative Power and Social Preferences*, Routledge, 2010.
Lee M., *EU Regulation of GMOs: Law and Decision Making for a new Technology*, Edward Elgar Pub, 2008.
Lucarelli S.,and Manners I. (eds.), *Values and Principles in European Union Foreign Policy*, Routledg, 2006.
Mahncke D.and Gstohl S. (eds.), *European Union Diplomacy, Coherence, Unity and Effectiveness*, College of Europe Studies, P.I.E. Peter Lang, 2012.
Manners I., Whitman R. G. and Allen D. (eds.), *The Foreign Policies of European Union Member States*, Routledge, 2001.
Nugent, N, *The government and politics of the European Union, 7^{th}edn.*, Palagrave Macmillan, 2010.
Smith K.E., *European Policy in a Changing World*, Polity Press, 2008.
Thomas. D. C. (ed.), *Making EU Foreign Policy: National Preferences, European Norms and Common Policies*, Palgrave Macmillan, 2011.
Varwick J. and Lang K.O. (eds.), *European Neighbourhood Policy: Challenges for the EU-Policy Towards the New Neighbours*, Barbara Budrick Publishers, 2007.
Whitman R.G. and Wolff S. (eds.), *The European Neighbourhood Policy in Perspective: Context, Implementation and Impact*, Palgrave Macmillan, 2010.

岩田健治編著『ユーロとEUの金融システム』日本経済評論社, 2003年。
植田隆子編『現代ヨーロッパ国際政治』岩波書店, 2003年。
植田隆子編『EUスタディーズ(1)対外関係』勁草書房, 2007年。
遠藤乾・鈴木一人編『EUの規制力』日本経済評論社, 2012年。
長部重康・田中友義編著『ヨーロッパ対外政策の焦点――EU通商戦略の新展開――』日本貿易振興会, 2000年。
久保広正『欧州統合論』勁草書房, 2003年。
久保広正・田中友義編著『現代ヨーロッパ経済論』ミネルヴァ書房, 2011年。
児玉昌己『EUヨーロッパ統合の政治史――その成功と苦悩――』NHK出版, 2011年。
庄司克宏『欧州連合――統治の論理とゆくえ――』岩波書店, 2007年。
庄司克宏『EU環境法』慶應義塾大学出版会, 2009年。
高屋定美編著『EU経済』ミネルヴァ書房, 2010年。
辰巳浅嗣『EUの外交・安全保障政策――欧州政治統合の歩み――』成文堂, 2001年。
辰巳浅嗣編著『EU――欧州統合の現在――〔第3版〕』創元社, 2012年。
田中素香『拡大するユーロ経済圏――その強さとひずみを検証する――』日本経済新聞出版社, 2007年。
田中素香編著『世界経済・金融危機とヨーロッパ』勁草書房, 2010年。
田中素香・長部重康・久保広正・岩田健治『現代ヨーロッパ経済〔第3版〕』有斐閣, 2011年。
田中俊郎『EUの政治』岩波書店, 1998年。
田中俊郎・小久保康之・鶴岡路人編著『EUの国際政治――域内政治秩序と対外関係の動態――』慶應義塾大学出版会, 2007年。
中西優美子『法学叢書 EU法』新世社, 2012年。
中村民雄・須網隆夫編著『EU法基本判例集〔第2版〕』日本評論社, 2010年。
八谷まち子編著『EU拡大のフロンティア――トルコとの対話――』信山社, 2007年。
羽場久美子『拡大ヨーロッパの挑戦――アメリカと並ぶ多元的パワーとなるか――』中央公論新社, 2004年。
羽場久美子・小森田秋夫・田中素香編『ヨーロッパの東方拡大』岩波書店, 2006年。
福田耕治編著『EU・欧州統合研究――リスボン条約以後の欧州ガバナンス――』成文堂, 2009年。
福田耕治『国際行政学〔新版〕』有斐閣, 2012年。
森井裕一編『国際関係の中の拡大EU』信山社, 2005年。
森井裕一『地域統合とグローバル秩序――ヨーロッパと日本・アジア――』信山社, 2010年。
安江則子『欧州公共圏――EUデモクラシーの制度デザイン――』慶應義塾大学出版会, 2007年。

安江則子編著『EU とフランス』法律文化社，2012年。

山本直『EU 人権政策』成文堂，2011年。

鷲江義勝編著『リスボン条約による欧州統合の新展開——EU の新基本条約——』ミネルヴァ書房，2009年。

渡邊啓貴編『ヨーロッパ国際関係史——繁栄と凋落そして再生——〔新版〕』有斐閣，2008年。

渡邊啓貴『米欧同盟の協調と対立——二十一世紀国際社会の構造——』有斐閣，2008年。

◆索　引

[あ行]

アジア欧州会議（ASEM, Asia Europe Meeting）
　…………………………………………… 9
アセアン（ASEAN, Association of South East
　Asian Nations）………………………… 14
アフリカ・カリブ・太平洋諸国（ACP, African,
　Caribbean and Pacific Group of States）
　………………………………… 62, 73, 170, 171
アフリカ連合（AU, African Union）………… 22
アムステルダム条約 …………………… 49, 80
アラブの春 ………………………… 6, 12, 172
EU 加盟国間における犯罪人引渡条約（EU 犯
　罪人引渡条約）……………………… 143-145
EU 基本権憲章 …………………………… 89, 177
EU 共通外交・安全保障政策（CFSP, Common
　Foreign Security Policy）………………… 29
EU 軍事幕僚部（EUMS, European Union
　Military Staff）…………………………… 31
EU の将来に関するラーケン宣言 ………… 85
EU 文民警察ミッション（EUPM, European
　Union Police Mission）………………… 167
域内市場白書 ……………………………… 48
一般特恵関税制度（GSP, Generalized System
　of Preferences）……………… 57, 59, 61, 169
遺伝子組み換え作物（GMO, Genetically
　Modified Organisms）………………… 121
欧州安全保障協力機構（OSCE, Organization
　for Security and Cooperation in Europe）
　………………………………………… 15
欧州安全保障戦略（ESS, European Security
　Strategy）………………………… 8, 14, 30, 164
欧州委員会人道援助局（ECHO, Humanitarian
　Aid and Civil Protection department of the
　European Commission）………………… 31
欧州外交安保政策（CFSP, Common Foreign
　Security Policy）………………………… 166

欧州環境庁（EEA, European Environmental
　Agency）………………………………… 173
欧州共通逮捕状（European Arrest Warrant）
　…………………………………………… 176, 177
欧州近隣政策（ENP, European Neighbourhood
　Policy）………………………………… 3, 11
欧州経済社会委員会（European Economic and
　Social Committee）……………………… 51
欧州経済領域（EEA, European Economic
　Area）…………………………………… 48
欧州憲法条約 ……………………………… 93
　──草案 ……………………………… 88, 89
欧州証拠令状（EEW, European Evidence
　Warrant）……………………………… 141, 177
　──枠組決定 ………………………… 153
欧州食糧安全庁（EFSA, European Food
　Safety Authority）………… 123, 124, 136, 175
欧州人権条約 …………………… 71, 89, 177
欧州政治協力（EPC, European Political
　Cooperation）…………………………… 28
欧州対外行動局（EEAS, European External
　Action Service）……………… 2, 34, 163
欧州逮捕令状（EAW, European Arrest
　Warrant）……………… 141, 149, 150, 158
　──枠組決定 ……………… 148, 150, 153
欧州20・20 by 20 ………………………… 174
欧州の将来に関するコンベンション ……… 2
欧州犯罪人引渡条約 ……………… 144, 145
欧州評議会（Council of Europe）………… 26
オープンスカイ協定 ……………… 112, 115

[か行]

開発政策宣言 …………………………… 171
開放型調整方式（OMC, Open Method of
　Coordination）………………………… 173
環境閣僚理事会 ………………………… 135
環境憲章（La Charte de l'Environnement）

185

……………… 127
環境放出指令 ……………………… 122
危機管理における国連・EU協力に関する共同
　宣言 ………………………………… 20, 31
気候変動に関する国際連合枠組条約（気候変動
　枠組条約）………………………………… 102
気候変動に関する政府間パネル（IPCC,
　Intergovernmental Panel on the Climate
　Change）………………………………… 103
規範的帝国主義 ………………………… 70
規範的パワー ……………………… v, 60, 170
脅威に関するハイレベルパネル …………… 23
共通安全保障防衛政策（CSDP, Common
　Security and Defense Policy）………… 20, 36
共通外交安全保障政策（CFSP, Common
　Foreign Security Policy）………………… 3, 7
共通通商政策（Common Commercial Policy）
　………………………………………… 3, 45
京都議定書 ……………… 101, 102, 109, 112
グローバル・ヨーロッパ ………………… 53, 62
軍事的危機管理活動におけるEU・国連協力
　――EU・国連共同宣言の実施に関する要件
　………………………………………… 32
経済協力開発機構（OECD, Organisation for
　Economic Cooperation and Development）
　………………………………………… 47
経済連携協定（EPA, Economic Patnership
　Agreement）……………………………… 69
刑事司法協力 …………………………… 141
効果的な多国間主義（effective multilateralism）
　…………………… 11, 14, 20, 33, 165, 178
航空環境保全委員会（CAEP, Committee on
　Aviation Environmental protection）…… 104
国際貿易委員会（INTA, Committee on
　International Trade）…………………… 52
国際民間航空機関（ICAO, International Civil
　Aviation Organization）……… 101, 105, 106,
　114-117
国際民間航空協会（IATA, International Air
　Transport Association）………………… 114
国際民間航空条約（Convention on
　International Cvil Avitaion, 通称シカゴ条
　約）………………… 103, 105, 106, 110-112
国連開発計画（UNDP, United Nations
　Development Programme）……………… 24
国連警察タスクフォース（IPTF, International
　Police task force）……………………… 167
国連憲章第8章 ………………… 21, 22, 32, 35
国連人道問題調整部（OCHA, United Nations
　Office for the Coodination of Humanitarian
　Affairs）…………………………………… 31
コトヌー協定 ……………… 11, 84, 85, 172
コペンハーゲン基準 ………………… 81, 171
混合協定 ………………………………… 49

[さ行]

GMO
　――食品・飼料規則 …………………… 128
　――の環境影響評価（ERA）ガイダンス
　………………………………………… 136
　――フリーゾーン ……………………… 176
GM食品・飼料規則 …………………… 123
シェンゲン協定 ………………………… 177
自由貿易協定（FTA, Free Trade Agreement）
　………………… 6, 13, 53, 64, 69, 95, 169
食の安全 ………………………………… 169
植物衛生検疫措置の適用に関する協定（SPS,
　Sanitary and Phytosanitary Measures）
　……………………… 129, 131, 132, 134, 175
食糧安全規則 …………………… 125, 175
食糧安全白書 …………………………… 128
新規食品規則 …………………………… 128
人権条項（human rights clause）…… 73, 93, 96
新戦略概念 ……………………………… 166
政治的基準（political criteria）…… 81, 93, 94
生物多様性条約のバイオセイフティーに関する
　カルタヘナ議定書（Cartagena Protocol on
　Biosafety, 通称カルタヘナ議定書）
　………………………………… 61, 130, 132
世界貿易機関（WTO, World Trade Organization）
　………………… 2, 11, 47-50, 59, 63, 132, 133, 169
全欧安保協力会議（CSCE, Conference on

Security and Cooperation in Europe) 74
相互承認原則 142, 147, 153, 157
相互承認実施措置プログラム 147
双方可罰性 150
　──要件 (double criminality condition)
　... 149, 150, 158

[た行]

第四次ロメ協定 62, 170
単一欧州議定書 72
知的所有権の貿易関連の側面に関する協定
　(TRIPs, Agreement on Trade-Related
　Aspects of Intellectual Property Rights)
　.. 48
通商政策委員会 (TPC, Trade Policy Committee)
　.. 54, 57
トレーサビリティ 122, 127, 128

[な行]

NATO 26, 167
ニース条約 49, 81-83, 91, 168
農業特別委員会 (SCA, Special Committee on
　Agriculture) 58

[は行]

バーミューダ協定 115
バイオテクノロジー高等評議会 (HCB, Haut
　Conseil de Biotechnologies) 127
排出量取引制度 (EU-ETS, Emission Trade
　Scheme) 101, 102, 106-108,
　110-114, 116, 117, 173, 174
バルセロナ・プロセス 12
バルト条項 (Baltic Clause) 75
東アジア政策に関するガイドライン 10
引渡犯罪 (extraditable offences) 145
武器禁輸措置 169

ブルガリア条項 (Bulgarian clause) 76, 85
米州機構 (OAS, Organization of American
　States) 22
「平和への課題」 20, 21
「平和への課題──追補──」 21
ペータースベルグ任務 30, 166
貿易障壁規則 59
補完性原理 173

[ま行]

マーストリヒト条約 72, 80, 143
マイアミグループ 132
ミレニアム開発目標 (MDGs) 172
民主主義および人権のための欧州イニシアティ
　ブ (EIDHR, European Initiative for
　Democracy and Human Rights) 83

[や行]

ユーロジャスト (Eurojust) 155, 156, 177
ユーロバロメーター 135
ユーロポール (Europol) 155, 156, 176
予防原則 (precautionary principle) ... 121, 125,
　132, 133, 173, 175
　──に関するコミュニケーション
　... 125, 131

[ら行]

リスク管理 (risk management) 125
リスク・コミュニケーション (risk
　communication) 125
リスク評価 (risk assessment) 125
リスボン条約 .... vi, 4, 34, 35, 49, 50, 52, 53,
　85, 89-91, 155, 156, 165, 166, 178, 179
略式犯罪人引渡条約 (EU 略式引渡条約)
　... 143, 144
連合理事会 (Association Council) 75

●執筆者紹介（執筆順，※は編著者）

薬師寺　公夫（やくしじ　きみお）
　　立命館大学法務研究科教授　　担当：巻頭言
　　強制失踪委員会委員

※安江　則子（やすえ　のりこ）
　　立命館大学政策科学部教授　　担当：序文，第6章，終章

Michael Reiterer
　　Former EU-Ammbassador to Switzerland and
　　the Principality of Liechtenstein.　担当：第1章

梅澤　華子（うめざわ　はなこ）
　　国連大学比較地域統合研究所客員研究員　　担当：第2章

Sieglinde Gstöhl
　　Director of Department of EU Internatinal Relations and
　　Diplomacy Studies at the College of Europe (Bruges, Belgium)　担当：第3章

中西　優美子（なかにし　ゆみこ）
　　一橋大学大学院法学研究科教授　　担当：第4章

河越　真帆（かわごえ　まほ）
　　神田外語大学外国語学部専任講師　　担当：第5章

浦川　紘子（うらかわ　ひろこ）
　　立命館大学衣笠総合研究機構客員研究員　　担当：第7章

Horitsu Bunka Sha

EUとグローバル・ガバナンス
──国際秩序形成におけるヨーロッパ的価値

2013年9月5日 初版第1刷発行

編著者　安江則子（やすえ　のりこ）
発行者　田靡純子
発行所　株式会社 法律文化社

〒603-8053
京都市北区上賀茂岩ヶ垣内町71
電話 075(791)7131　FAX 075(721)8400
http://www.hou-bun.com/

＊乱丁など不良本がありましたら、ご連絡ください。
　お取り替えいたします。

印刷：㈱冨山房インターナショナル／製本：㈱藤沢製本
カバー原画：小池壮太
ISBN 978-4-589-03536-3
Ⓒ2013 Noriko Yasue Printed in Japan

JCOPY　＜(社)出版者著作権管理機構　委託出版物＞

本書の無断複写は著作権法上での例外を除き禁じられています。複写される
場合は、そのつど事前に、(社)出版者著作権管理機構（電話 03-3513-6969、
FAX 03-3513-6979、e-mail: info@jcopy.or.jp）の許諾を得てください。

安江則子編著
EUとフランス
—統合欧州のなかで揺れる三色旗—
A5判・230頁・2940円

EUによるガバナンスと加盟国による法の受容と政策の実施過程を，フランスを事例に多角的・包括的に分析する。憲法的アイデンティティ，移民政策，農業政策，メディア政策および仏独関係等アクチュアルな争点を考察する。

吉田 徹編
ヨーロッパ統合とフランス
—偉大さを求めた1世紀—
A5判・330頁・3360円

フランスという国民国家が主権の枠組みを超える欧州統合という史上稀にみる構想を，どのようにして実現していったのか。経済危機で揺れる欧州の深層を探るべく，第一線の研究者とフランスの元外相ユベール・ヴェドリーヌが共同執筆。

デヴィッド・ヘルド著／中谷義和訳
コスモポリタニズム
—民主政の再構築—
A5判・242頁・3990円

グローバル民主主義理論の発展を牽引してきた理論家D.ヘルドの10年越しの最新著作の邦訳。地球規模の諸課題を克服するための政策とその実現のための統治システムを，理想と現実の相克を踏まえ提示。新たな理論構築を試みる。

エルンスト-ヨアヒム・メストメッカー／早川 勝訳
EUの法秩序と経済秩序
—法と経済の関係についての基本問題—
A5判・246頁・7350円

EUの法制度と契約・権利および競争についての理念の変遷をたどり，現在直面している諸問題に対する法的解決の方向性を提示する。著者の論文11編を3分野にわけて収載し，その論旨を明快に整理。

安江則子編著
世界遺産学への招待
A5判・196頁・2310円

グローバルな時代において，世界各地の固有の文化の価値をどう捉え，保護していくのか。世界遺産に関わる諸条約の歴史的展開と今日的意義を多角的に考察し，遺産保護の現代的課題を学際的に探究する。

———法律文化社———

表示価格は定価(税込価格)です